Exploring Kyoto
Japan's Global Treasure

David H. Satterwhite

Special Edition

IBC パブリッシング

photos: 663highland, Own work, Hisagi, Nkense, Jo, Bigjap, RoryRory, Mayuno

Referred from :

http://www.kyotokanko.com/e/nenpyo.html
http://www.pref.kyoto.jp/visitkyoto/en/info_required/traditional/kyoto_city/
http://www.miyakomesse.jp/fureaika/about_eng.php
http://www.kyotoguide.com/ver2/thismonth/kurodani-washi.html
https://en.wikipedia.org/wiki/Kawai_Kanjir%C5%8D
http://www.japanvisitor.com/japan-museums/kawai-kanjiro-memorialmuseum
http://jpn.teaceremony-kyoto.com/
http://www.toei-eigamura.com/information/price/
http://bento.com/kansai/kc-kyoryori.html

はじめに

　ラダーシリーズは、「はしご (ladder)」を使って一歩一歩上を目指すように、学習者の実力に合わせ、無理なくステップアップできるよう開発された英文リーダーのシリーズです。

　リーディング力をつけるためには、繰り返したくさん読むこと、いわゆる「多読」がもっとも効果的な学習法であると言われています。多読では、「1. 速く 2. 訳さず英語のまま 3. なるべく辞書を使わず」に読むことが大切です。スピードを計るなど、速く読むよう心がけましょう（たとえば TOEIC® テストの音声スピードはおよそ 1 分間に 150 語です）。そして 1 語ずつ訳すのではなく、英語を英語のまま理解するくせをつけるようにします。こうして読み続けるうちに語感がついてきて、だんだんと英語が理解できるようになるのです。まずは、ラダーシリーズの中からあなたのレベルに合った本を選び、少しずつ英文に慣れ親しんでください。たくさんの本を手にとるうちに、英文書がすらすら読めるようになってくるはずです。

《本シリーズの特徴》
- 中学校レベルから中級者レベルまで5段階に分かれています。自分に合ったレベルからスタートしてください。
- クラシックから現代文学、ノンフィクション、ビジネスと幅広いジャンルを扱っています。あなたの興味に合わせてタイトルを選べます。
- 巻末のワードリストで、いつでもどこでも単語の意味を確認できます。レベル1、2では、文中の全ての単語が、レベル3以上は中学校レベル外の単語が掲載されています。
- カバーにヘッドホーンマークのついているタイトルは、オーディオ・サポートがあります。ウェブから購入／ダウンロードし、リスニング教材としても併用できます。

《使用語彙について》
レベル1：中学校で学習する単語約1000語
レベル2：レベル1の単語＋使用頻度の高い単語約300語
レベル3：レベル1の単語＋使用頻度の高い単語約600語
レベル4：レベル1の単語＋使用頻度の高い単語約1000語
レベル5：語彙制限なし
スペシャル・エディション：レベル3〜4に相応。ただし、中学英語レベルでも無理なく読めるよう巻末のワードリストには全単語の意味を掲載しています。

Table of Contents

Chapter 1
Introduction & Overview *1*

Chapter 2
Historical Kyoto, Heart of Japan *11*

Chapter 3
Getting to—& Getting Around in—Kyoto *23*

Chapter 4
The Seasons—& Weather of Kyoto *33*

Chapter 5
How to Explore Kyoto & What to See *47*

Chapter 6
Special Places, Unique Excursions *71*

Chapter 7
Have You Enjoyed Exploring Kyoto? *89*

Frequently Asked Questions [FAQ] *96*

Word List *108*

読み始める前に

京都と聞くと何を思い浮かべますか？　文化や歴史の中心地、桜の名所、秋の紅葉、そして多くの世界遺産。他にも伝統の品や芸妓、懐石料理など様々なイメージを膨らませることでしょう。さあ、これから京都のすべてを英語で読み進めましょう。

京都府の府章

京都府基本情報

府庁所在地：京都市

面積：4,613 km² （47都道府県中31番目）

人口：約260万人（47都道府県中13番目・2010年）

京都府の花：しだれ桜 *Weeping Cherry*

京都府の木：北山杉 *Japanese Red Cedar*

京都府の鳥：オオミズナギドリ *Streaked Shearwater*

気候と地形:日本海に面した北部は冷たい風と降雪が見られる。中央部の高地では農業が営まれ、陶器や和紙の製造が行われる。南部は瀬戸内海式気候で、京都盆地(山城盆地)に数本の川が流れ込んでいる。

友好提携都市:中国 陝西省;インドネシア ジョグジャカルタ特別区;フランス ラングドック=ルシヨン地域;イギリス エディンバラ市;ロシア レニングラード州;イタリア トスカーナ州;アメリカ オクラホマ州;カナダ ケベック州

Chapter 1
Introduction & Overview

Kyoto International Manga Museum (top),
Philosopher's Walk (bottom)

【京都府の概要】

　京都府は近畿地方に位置し、北は日本海に面し、福井県、兵庫県、大阪府、奈良県、滋賀県、そして三重県と隣接しています。47都道府県うち面積は31番目です。京都府南部に位置する京都市は、794年以来、1000年以上にわたって日本の首都でした。史跡・社寺が多く国際文化観光都市に指定されています。

●わからない語は巻末のワードリストで確認しましょう。
- ☐ class excursion
- ☐ must-see
- ☐ ancient times
- ☐ pearl-divers
- ☐ terrain
- ☐ refined beauty

●主な地名および名称、固有名詞
- ☐ Sea of Japan　日本海
- ☐ Ise-jingu Shrine　伊勢神宮
- ☐ Maiko　舞妓
- ☐ Geiko　芸妓
- ☐ Lake Biwa　琵琶湖
- ☐ Manga Museum　京都国際マンガミュージアム
- ☐ Philosopher's Walk　哲学の道

What comes to mind when you hear the word "Kyoto"? For people born and raised in Japan, most think of Kyoto as the cultural and historical center of the country. Many have also visited Kyoto on their Middle or High School class excursions, seeing some of the most famous Buddhist temples, Shinto Shrines, and gardens with their classmates.

For most visitors to Japan from overseas, Kyoto has a special attraction as the "Cultural Capital," a city with deep historical traditions and with many UNESCO World Heritage Sites. Although they may have come to Japan for business, studies, or other purposes, Kyoto is a "must-see" destination. When you are in Kyoto, then, you will usually see many international visitors. How would you explain Kyoto's history, culture, and significance to them? How much do you know about Kyoto yourself? Finally, how do you want visitors from around the world to understand and enjoy their stay in Kyoto?

Kyoto Prefecture—the "Other" Kyoto
Remember, first, that Kyoto is not only the name of the famous city, but of Kyoto Prefecture, too. The prefecture (which is one of 47 prefectures in Japan), reaches all the way to the Sea of Japan in the north, bordered by Fukui and Hyogo Prefectures on its northeast and northwestern sides. In the south, Kyoto Prefecture borders Osaka

(which is Japan's second-largest metropolis) and Nara Prefecture. Nara was the main capital of Japan in ancient times before the capital was moved to Kyoto.

On Kyoto Prefecture's eastern side, it shares a short border with Mie Prefecture, famous for Ise-jingu Shrine and pearl-divers, but Kyoto is largely bordered by Shiga Prefecture, which contains Japan's largest lake, known as Lake Biwa. Kyoto

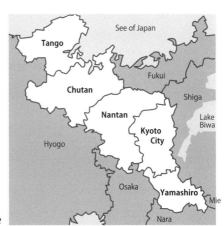

Map of Kyoto Prefecture

Prefecture is quite large, with the 13th largest population of all 47 prefectures. It has a varied terrain, with mountains, sea-coast, forests, farmland, and hills surrounding the Prefecture's capital city, Kyoto. Our focus will be on Kyoto City, but it is important to remember that the famous historical city is also part of Kyoto Prefecture—we will come back to the Prefecture briefly later herein.

Tamba Mountains located in central Kyoto Prefecture

A Traditional & Modern City

Kyoto represents many things to many people. As Japan's "Cultural Capital" it has a very distinctive "feel" and atmosphere. It has several kinds of special cuisine that people think about when they imagine or visit Kyoto. It has world-famous Buddhist temples, gardens, and Shinto Shrines. Its people have a special pride in their city, its history, and its culture—and they speak a unique dialect of Japanese that developed over centuries.

Because it was the capital of Japan for over a thousand years, there are crafts and art-forms that originated in Kyoto. These include the visual arts, theater, textiles, pottery, and religious art, for example. The art-forms also include cultural traditions such as the tea ceremony and the refined beauty of the Maiko and Geiko (Geisha's) dancing, singing, and dinnertime customer entertainment.

If you only imagine the deep history and cultural traditions of Kyoto, though, you might miss some other important aspects of this vibrant city. For instance, some well-known, world-class companies had their start in Kyoto. Because of this, the city is known not just for its deep cultural roots, but for its entrepreneurial spirit. There are

Geiko, traditional dinnertime entertainment

also many universities located in Kyoto, some of which are world-leaders in cutting-edge scientific fields (with Nobel Prize winners on their faculty!). Did you know, too, that the only Manga Museum in Japan is in Kyoto? Similarly, JR Kyoto Station itself is a dramatic, modern building, serving as the gateway to a deeply traditional city.

Kyoto, then, is a rare mixture of many important aspects of Japan today. It has a rich cultural history, unique art-forms

Japan's second-largest station building, Kyoto Station

and cuisine, beautiful World Heritage Sites including temples, shrines, and gardens, a distinctive dialect, and a population who are very proud of their city's traditional roots. It also has cutting-edge technology, modern architecture, fashionable cafés, and world-class universities. Did we mention that it is a beautiful city, with four distinct seasons, historical festivals, and a quiet "Philosopher's Walk"? We are glad you want to explore, enjoy, and explain Kyoto. Now, where should we begin?

Chapter 2
Historical Kyoto, Heart of Japan

【京都の歴史】

794年に桓武天皇が京都に遷都して以来、明治維新まで日本の首都だった京都は、長い間、文化・政治・経済の中心でした。天皇の御所や著名な社寺があり、政(まつりごと)を司る人たちが多く京都に住んだことで、献上品として質の高い伝統工芸品が生まれました。歴史的な行事も多くあります。

● わからない語は巻末のワードリストで確認しましょう。
- ☐ fertile ground
- ☐ archaeological remains
- ☐ political reform
- ☐ tomb
- ☐ pagoda
- ☐ ruling elite

● 主な地名および名称、固有名詞

Emperor Kanmu　桓武天皇
Heian-kyo　平安京
Meiji Restoration　明治維新
Nishijin area　西陣
Kiyomizu area　清水
Kiyomizu Temple　清水寺
Five Mountains of Zen　京都五山
Rinzai sect　臨済宗
Tendai sect　天台宗
Enryaku-ji　延暦寺
Mt. Hiei　比叡山
Jodo-shu　浄土宗
Jodo Shinshu　浄土真宗
Obaku sect　黄檗(おうばく)宗
Imperial Palace　(京都) 御所

Kyoto is located in a valley surrounded on three sides by hills and mountains. It has rivers running through it, flowing from the northern hills to the south, and then into Osaka Bay about 40 kilometers away. With a flat plain and fresh water, the valley had fertile ground and was an attractive place

Kyoto Basin, a view from Daimonji mountain

to live from pre-historic times. In fact, archaeological remains have been discovered from the ancient Yayoi Period, which lasted from 300 BC to about 250 AD.

Further south, also in fertile valleys protected by surrounding hills, were the earlier capitals of Japan. Asuka, for instance, just 65 kilometers from Kyoto, was capital from 538 to 710 AD, when political reforms began to make this region the center of ancient Japanese society. Buddhism and Confucianism were introduced during the Asuka period and tombs from that era show influence from China and the Korean Peninsula. The Nara Period that followed Asuka was brief (710-794 AD), but it saw the flowering of Buddhist culture and administrative influences from China. Today, like Kyoto, Nara has World Heritage sites

Chapter 2 Historical Kyoto, Heart of Japan

Heian-kyo, reconstructed in model form

including temples, the world's oldest wooden pagoda, and a large bronze statue of Buddha. After Nara the capital moved several times—closer and closer to Kyoto—as new Emperors tried to get away from political in-fighting and religious struggles in Nara.

A Long Imperial Tradition

Finally, more than 1,200 years ago, in 794 AD Emperor Kanmu moved the capital to present-day Kyoto City, naming it "Heian-kyo." The city was laid out in a grid, patterned on famous Chinese cities of that era, and the main streets have remained largely the same to this day. The Imperial Palace was located at the northern edge of the city, and although the city has grown in all directions since then, the Palace grounds are where they were when Kyoto became capital.

Although there were many conflicts and power-struggles over the centuries, the Imperial Family lived in Kyoto for almost 1,100 years. Then, with the Meiji Restoration in 1868, Emperor Meiji moved from Kyoto to Edo—present-day Tokyo—where the Imperial Palace is today. The very long period that the Imperial Family lived in Kyoto helps us understand why Kyoto is still seen by many as the real "heart and soul" of Japanese history and culture.

Chapter 2 Historical Kyoto, Heart of Japan

Chronological tale of Kyoto

678	Founding of the Kamo Shrine (Kamigamo and Shimogamo)
784	Imperial capital is transferred to Nagaoka-kyo (near Kyoto)
788	Enryaku-ji temple is established by Saicho on Mt. Hiei-zan
794	Emperor Kanmu moves the capital to Heian-kyo (Kyoto)
798	Sakanoue no Tamuramaro builds Kiyomizu-dera temple
869	Gion Festival begins to ward off diseases in the capital
905	Kokin Wakashu compiled (A Collection of Ancient and Modern Japanese Poetry)
952	The 5-story pagoda at Daigo-ji is built – it remains as Kyoto's oldest pagoda
1021	The Tale of Genji by Murasaki Shikibu – the world's oldest novel – is completed
1053	Fujiwara no Yorimichi builds the Hoo-do Hall of Byodo-in temple
1156	The Hogen Rebellion – a brief civil war that ended the Fujiwara clan's dominance
1159	The Heiji Rebellion between the Taira and Minamoto clans soon after the Hogen Rebellion
1205	Shinkokin Wakashu (New Collection of Ancient and Modern Japanese Poetry)
1338	The Muromachi Shogunate (military-dominated government) is established

1397 Kinkaku-ji temple is established

1450 Ryoan-ji temple is established

1467 The Onin War (until 1477) destroyed much of Kyoto and began the Sengoku (Warring States) period

1482 A villa in Higashiyama (later Ginkaku-ji temple) is established

1571 After Warrior Monks burn Kyoto, Enryaku-ji on Mt. Hiei is destroyed

1573 The Muromachi Shogunate is overthrown

1582 Oda Nobunaga commits suicide at the Honno-ji temple ending his era

1594 Toyotomi Hideyoshi builds Fushimi Castle, orders Enryaku-ji to be rebuilt

1603 Nijo-jo Castle is completed. The Kabuki Dance is started

1620 Katsura Rikyu is built

1659 Shugaku-in Villa is built

1662 The annual ceremonial bonfire on Mt. Daimonji begins

1864 A clash between pro- and anti-Shogunate forces occurs

1867 Restoration of Imperial Rule

1868 Kyoto Prefecture is formed

1869 The Central Government is moved to Tokyo

1889 Kyoto City is formed

1895 The 1100th anniversary of Heian-kyo is celebrated and Heian-jingu Shrine is dedicated

The Deepening of Japan's Culture

During the long period centered on Kyoto's influence, many important changes and developments took place. First, even though Japan's economy was based on agriculture, many artisans living in Kyoto produced high-quality goods in service to the Imperial Family, the Buddhist temples, and the ruling elite who lived in Kyoto. The Nishijin area, for instance, is still known for its textiles and weaving techniques, very important for kimono and other traditional Japanese clothing. The Kiyomizu area, too, is known for the pottery it has produced for many centuries, and the street leading up the hill to the famous Kiyomizu Temple is lined with shops, selling both to Kyoto residents and the large number of visitors to the city.

Second, we should mention the many

art-forms—including the performing arts—that originated in Kyoto and deeply influenced Japanese culture. In theater, not only the highly formal and refined Noh, but the more popular Kabuki, the humorous and down-to-earth Kyogen, and the amazing puppet theater known as Bunraku all trace their origins to the Kyoto area (Bunraku started in nearby Osaka but also thrived in Kyoto). Several schools of the tea ceremony, flower arranging, traditional musical genre (such as the Shakuhachi bamboo flute, Koto stringed harp, *gagaku* Imperial court music),

Kyogen performance

and others evolved within the rich cultural context of Kyoto.

Third, most of Japan's Buddhist sects are centered in (or very close to) Kyoto. These include: the "Five Mountains of Zen" (the best-known temples of the Rinzai sect of Zen Buddhism); the esoteric Tendai sect of Buddhism, with its Enryaku-ji temple complex overlooking the city from Mt. Hiei, established in 788 AD (even before the capital moved to Kyoto in 794); the "Pure Land" sects of Jodo-shu and Jodo Shinshu Buddhism; the Obaku sect of Zen Buddhism; and others all have their main temples in Kyoto. Imagine not only the religious influence of these temples in Japanese society, but the art-forms related to the temples as well—for instance the architecture, paintings, carvings, statues, and gardens.

Kyoto—Truly a Global Treasure

These many factors help us understand how important Kyoto is to the Japanese people, historically and to this day. The Imperial Family and Palace, the religious traditions and temples, the artistic forms (including visual arts, theatrical arts, performing arts, as well as the architecture and gardens)—each of these resonate deeply in Kyoto. If we also realize that Kyoto was not heavily damaged during World War II, when many other cities in Japan were destroyed, we can appreciate how Kyoto has remained Japan's "heart and soul," the cultural center of the nation for over a thousand years. It is truly Japan's—and the world's—well-preserved and valuable treasure.

Chapter 3
Getting to —& Getting Around in— Kyoto

High-speed railway, Shinkansen (top),
Modern design Kyoto Station (bottom)

【京都をどう周るか】

京都府内には空港はないので、新幹線を利用するのが便利です。京都市内には地下鉄が2本通っています。古都がゆえに、遺跡や埋蔵文化財の調査が義務づけられているため工事には時間がかかったと言われています。

● わからない語は巻末のワードリストで確認しましょう。

- ☐ intersect
- ☐ get around
- ☐ detached palace
- ☐ tea cultivation
- ☐ cut through
- ☐ hail a cab

● 主な地名および名称、固有名詞

Keihan (Main) Line　京阪本線
Hankyu Line　阪急京都本線
Karasuma Line　烏丸線
Karasuma-Oike Station　烏丸御池駅
Katsura　桂駅
Arashiyama　嵐山
Randen Arashiyama Line　［京福電気鉄道］嵐山本線
Randen Kitano Line　［京福電気鉄道］北野線
Shijo-Omiya　四条大宮駅
Kitano Shrine　北野天満宮
Eizan Line　叡山電鉄叡山本線
Kurama and Kibune　鞍馬・貴船
Yase-Ohara area　八瀬・大原
Shugaku-in Imperial Villa　修学院離宮
Ginkaku-ji　銀閣寺
Nanzen-ji　南禅寺

To & From Kyoto

If you are traveling to Kyoto from within Japan, the most convenient transportation is by the Shinkansen (Bullet Train). All of the Shinkansen trains on the JR Tokaido line stop at Kyoto Station, so whether you are arriving from Tokyo, Nagoya, or nearby

Kyoto Station

Osaka, the Bullet train is the easiest. As Osaka is only 40 kilometers away, though, you can get one of the 3 train lines (JR Rapid Service, Keihan Line, and Hankyu Line) that connect Osaka and Kyoto without riding the Shinkansen. A less expensive way to travel to Kyoto from Tokyo, however, is by overnight highway buses.

If you are arriving by air at the Kansai International Airport, located in Osaka Bay, there are limousine buses to Kyoto, but you should know about the express train directly linking Kyoto to-and-from Kansai Airport. If you fly into the domestic Itami Airport in Osaka, or the Kobe International Airport, there are regularly scheduled limousine buses direct to Kyoto. If you are driving, the Tomei, Meishin and Hanshin toll Expressways connect Kyoto with Tokyo, Nagoya, and Osaka, and exit signs are clearly marked not only in Japanese, but in English as well.

Within Kyoto, there are several ways to get around.

By Subway

There are two subway lines, the Karasuma Line which runs North-South, and the Tozai Line, which runs East-West. The two lines intersect at Karasuma-Oike Station, so it is possible to travel conveniently across town in the four main directions by subway. As Kyoto is a city with a long and deep history, building the subway system took longer here than in many other Japanese cities—work was delayed many times when archaeological sites were discovered and had to be carefully studied before construction could continue.

By Private Rail Lines

Three main private rail lines travel into—and through—Kyoto. These include: the Hankyu Line, with service to Osaka and Kobe, but with a stop in Katsura (near the world-famous Katsura Detached Palace), with a branch line to the Arashiyama temple and bamboo forest area of western Kyoto; the Keihan Main Line with service to Osaka, and its branch line to the Uji area in southern Kyoto, famous for its tea cultivation; and the Kintetsu Line, connecting Kyoto with the earlier historical capital, Nara.

Although Kyoto used to have a streetcar system (actually, Japan's first, from 1895), with lines circling and cutting through the city, these were taken out in 1978 to make more room for auto and bus traffic. However, there are still four train lines

Chapter 3 Getting to — & Getting Around in — Kyoto

operating one-car or two-car tram service within Kyoto and to nearby tourist destinations that are great fun to ride. These are: the Randen Arashiyama Line and its branch Randen Kitano Line, with service between Shijo-Omiya in downtown Kyoto and the Arashiyama and Kitano Shrine areas; and the Eizan Line—with two branches, to the Kurama and Kibune mountain (and hot spring) areas, and to the Yase-Ohara area, with a stop close to the Shugaku-in Imperial Villa at the base of Mt. Hiei. At the end of this line, you can change to the Eizan Cable

Randen, through cherry blossoms

Lake Biwa

Car and Eizan Ropeway, as a pleasant way to travel up Mt. Hiei to Enryakuji, the World Heritage site, head of the Tendai sect of esoteric Buddhism, with its views of Kyoto and Lake Biwa.

By Bus, Bicycle, & on Foot

Three other ways to travel around within Kyoto should be mentioned—by bus, by taxi, and by bicycle. The city's bus system is very convenient, with bus lines from Kyoto Station to most areas of Kyoto, but it would be best to ask for directions before you

Chapter 3 Getting to— & Getting Around in — Kyoto

choose your bus lines. There are many taxis in Kyoto, either from train stations, hotels, or to "hail a cab" on the street. Many tourists ride taxis between parts of town when they are trying to visit many temples or shrines in a short period of time.

If you like to walk or ride a bicycle, Kyoto is a friendly and convenient place. Walking from one side of town to the other would be quite a distance, but if you are in an area with many temples and gardens, it is easy to stroll between them if you are not in a hurry. One very special place to walk is the "Philosopher's Walk"—a pleasant path in the eastern foothills of Kyoto, connecting the famous temples of Ginkaku-ji at the Walk's northern end, with Nanzen-ji at its southern end. Many of the city's hotels rent bicycles to their guests, and there are also shops that rent cycles by the hour. This is a convenient way to get around more quickly than on foot, less expensively than in taxis, and in a way that you can explore neighborhoods of Kyoto away from the major tourist destinations.

Pedestrian path in cherry-tree-lined Philosopher's Walk

Chapter 4
The Seasons — & Weather of Kyoto

Kiyomizu-dera in Spring,
Kibune-gawa in Summer,
Arashiyama in Autumn,
Sagano in Winter (from the top)

【京都の四季と気候】

　京都府は南北に細長いので、北と南で気候も異なります。三方を山に囲まれた盆地である京都市周辺は、夏はうだるように暑く、冬は底冷えすると言われます。日本海側は豪雪地帯として知られています。

●わからない語は巻末のワードリストで確認しましょう。

- ☐ distinct
- ☐ humid
- ☐ wintry blast
- ☐ vie
- ☐ float
- ☐ pass away

●主な地名および名称、固有名詞

Kiyomizu Temple　清水寺
Philosopher's Walk　哲学の道
Aoi Matsuri　葵祭
Kamo Shrines　賀茂神社
Shimogamo Shrine　下鴨神社
Kamigamo Shrine　上賀茂神社
Gion Matsuri　祇園祭
Yasaka Shrine　八坂神社
Jidai Matsuri　時代祭
Heian-jingu Shrine　平安神宮
Daimonji　大文字五山送り火
Kamo River　鴨川

Japan is known for its four distinct seasons, and the seasons are each very special in Kyoto, particularly the spring and autumn. Because of the city's geography—in a valley surrounded on three sides by hills and few breezes—the summer is quite hot. After the rainfall of June and July, in Japan's rainy season, the summer also feels very humid, but the gardens, parks, and the hillside forests surrounding the city are green with moss and trees. Winters in Kyoto are quite cold—the opposite of the city's summer heat. Chilly winds from the Sea of Japan in northern Kyoto Prefecture blow down the mountain passes into Kyoto, so it feels colder than even in nearby Osaka or Nara.

After the wintry blast of cold weather, spring in Kyoto is stunning. Visitors come from across Japan and from around the world to see the cherry blossoms in bloom, and sometimes all of the hotel rooms in

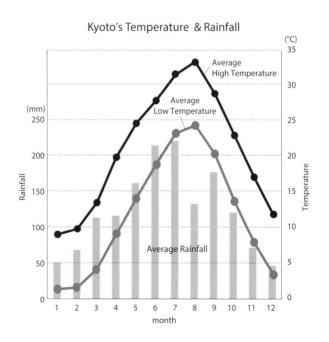

Kyoto are fully booked. The whole city seems to be covered by the blossoms, but there are over 15 places noted for their cherry trees, and crowds flock to see them. In Japan, and especially in Kyoto, people enjoy seeing the blossoms not only in the daytime, but in the evenings as well. During the week or ten days that the blossoms are in full bloom, many visitors spread out mats, gather with friends, and relax under the trees.

Amazing Autumn Colors in Kyoto

The other season when it is hard to book a hotel room in Kyoto is the autumn. As with the cherry trees in spring, there are temples and gardens throughout the city where thousands visit to see the red, orange, yellow and golden-colored leaves, both in daylight and lit up by lights at night. Whether from the high veranda of Kiyomizu Temple, or from along the Philosopher's Walk—with trees leaning over the stream below—autumn in Kyoto vies with spring to show off the beauty of Kyoto. Temperatures are moderate in spring and autumn, but evenings can be chilly, so dressing appropriate to the seasons is important when you plan to visit Kyoto.

Festivals & Events
—Timing your Kyoto Visit

You might think that spring and autumn are the only time to visit Kyoto, but the city is special all year, and there are festivals and events that make it attractive in all seasons.

There are three main festivals, a mid-summer lighting of five "fire-mountains," plus many other events to make your visit to Kyoto quite memorable.

Chapter 4 The Seasons — & Weather of Kyoto

May 15 — Aoi Matsuri (the Hollyhock Festival)
This is Kyoto's oldest festival, pre-dating the move of the capital to Kyoto in 794 AD. It started as an offering by the Emperor at the ancient Kamo Shrines —Shimogamo & Kamigamo—praying for the rice crops that were not growing well. Now with a tradition of over a thousand years, it is a parade of 500 people dressed in traditional Heian-era costumes, walking from the Imperial Palace, first to Shimogamo Shrine and then to Kamigamo Shrine. A young woman, after being purified in special ceremonies, is carried to the shrines. Her assistants, also young women, ride horses in the parade, wearing

Aoi Matsuri, one of the three largest festivals in Kyoto

traditional kimono. It is a grand parade to see, if you can visit Kyoto in mid-May.

July 17 — Gion Matsuri

This festival, too, began in ancient times, as a purification and religious parade to end a plague of diseases in the early Heian capital. Although the festival lasts the whole month of July, the main parade is on the 17th, with 30 very large floats being rolled along Shijo

The Gion Matsuri of Yasaka Shrine is one of the most famous festivals in Japan

Street from Yasaka Shrine. Thousands of people line the streets to watch the floats go by, being pulled by 50 people each. Some of the floats weigh up to 10 tons and are two stories high, showing scenes from Japanese and Asian history. Finding a hotel room in Kyoto during the Gion and other festivals may be difficult, so book a room early!

October 22 — Jidai Matsuri (Festival of the Ages)

Unlike the Aoi and Gion Festivals, which are more than 1,000 years old, the Jidai Matsuri started in 1895. That year marked 1,000 years since the capital moved to Kyoto, so the festival showed the traditional clothing worn by people from the Heian-era, all the way to the Meiji period. Over 2,000 people wearing costumes from ancient times walk in the parade from the Heian-jingu Shrine to the Imperial Palace, and back again. This festival is in the autumn, when many people are visiting Kyoto to see the autumn leaves, so it is a very busy time to find a place to stay.

August 16 — Daimonji & Gozan (Five Mountains)

From the time that Buddhism came to Japan in the 7th Century, an important event has been Obon, in mid-August. The spirits of ancestors who have passed away come back to visit their families, and at the end of their visit, fires are lit at night to help them find their way back to "the other world" where they live. On five mountains surrounding Kyoto, these fires are lit in the shape of Chinese characters and historical symbols.

Chapter 4 The Seasons — & Weather of Kyoto

The largest is called *"Daimonji"*—the character is *"Dai"* meaning "large." A smaller *"Dai,"* a ship, a *"torii"* shrine gate, and the characters *"Myoho* (Buddha's Marvelous Law)" are the other four fires lit on the mountains, which can be seen from all over Kyoto. In the mid-summer season, many visitors and residents of Kyoto are out in their summer *yukata*, enjoying the evening

Five giant bonfires are lit on mountains

with family and friends from the banks of the Kamo River flowing through Kyoto.

Enjoying Kyoto in Any Season!
We have described four major festivals and events, but there are many other special occasions throughout the year in Kyoto. These include dance performances in different parts of the city, such as Gion, Kitano, and Kamogawa riverbank areas, the Kurama Bamboo-cutting ceremony in June, and the Fire Festival, also in Kurama, on the evening following the Jidai Matsuri in late October. If you cannot visit at the time of one of the major festivals, you may still be lucky enough to take part in one of the other events that celebrate Kyoto's rich cultural history.

Festivals & Notable Events in Kyoto

- **Every month** – On the 21st, Kobo antique market at To-ji Temple; on the 25th, Tenjin market at Kitano Tenman-gu Shrine

- **January 20th** – Yutate Kagura (Jonangu Shrine). After a Kagura dance, a shrine maiden (*miko*) scatters hot water from a cauldron with bamboo leaves. The water droplets provide people a divine blessing for good health.

- **February 25th** – Plum Blossom Festival, Kitano Tenmangu Shrine; and on Hatsuuma (the first horse day), the Fushimi-Inari-Taisha Shrine of the Hatsuuma matsuri festival.

- **March 3rd** – Nagashibina (Shimogamo-jinja Shrine). Paper dolls (*hina ningyo*) are floated down-stream on straw trays to ward off evil.

- **April** – Cherry blossom viewing events in locations throughout the city.

- **May 1st** – Riverside summer terraces over the banks of the Kamogawa River begin, last until the end of September (*kawayuka* or *kawadoko*).

- **May 15th** – Aoi Matsuri (Shimogamo & Kamogamo Shrines), one of the three largest festivals in Kyoto. The festival procession has participants clad in Late-Heian period garments decorated with hollyhock flowers.

- **June 1st** – Kibune Matsuri. Located north of Kyoto, Kibune is the source of the Kamogawa river, and Kibune Shrine enshrines a water god in charge of rainfall and drought.

- **June 1st & 2nd** – Torchlight Noh performance (Heian-jingu Shrine) held outdoor with bonfires.
- **July 17th** – Gion Matsuri (Yasaka-jinja Shrine), one of the three major festivals in Kyoto – the festival lasts all month but culminates on the 17th with a parade of decorated festive floats.
- **August 16th** – Daimonji & Gozan Okuribi (Five Mountains) – the lighting of fires on five mountains to usher the spirits back to the "other world" at the end of the Obon period.
- **September 9th** – Double-Ninth (9-9) Matsuri (Kurumazaki-jinja Shrine). Classical dance & music with chrysanthemum offerings.
- **September (mid-to-late month)** – Moon-viewing Tea Ceremony in Kodai-ji, a temple founded by Toyotomi Hideyoshi's wife to pray for his soul.
- **October 22nd** – Jidai Matsuri (Festival of the Ages, Heian-jingu Shrine), one of the three large festivals in Kyoto, with a procession of people clad in the costumes of each period.
- **November** – Autumn leaves in various places.
- **December (New Year's Eve-New Year's Day)** – Okera Matsuri & Okera Mairi (Yasaka-Jinja) – transferring the sacred fire from the shrine to the candle-stand in people's homes, enshrining the fire god for good fortune in the coming year. Okera is a medicinal herb believed to cast away evil energies of the past year and bless us with longevity.

Chapter 5
How to Explore Kyoto & What to See

Katsura Imperial Villa (top),
The Fushimi Inari-Taisha, *torii* path (bottom)

【京都の見所】

京都には世界文化遺産が17あり、これは日本国内で最多です。また寺社の数は、京都市だけでも2000以上あると言われています。短い滞在で京都を見て回るには、大きく4つの地域に分けて計画を立てると効率がよいです。

● わからない語は巻末のワードリストで確認しましょう。

- ☐ depth and breadth
- ☐ administrative power
- ☐ in clusters
- ☐ quadrant
- ☐ back-to-back
- ☐ lay-believer

● 主な地名および名称、固有名詞

Ninna-ji　仁和寺
Katsura Rikyu　桂離宮
Katsura River　桂川
Shugakuin Rikyu　修学院離宮
Kinkaku-ji　金閣寺
Ryoan-ji　龍安寺
Daitoku-ji　大徳寺
Arashiyama　嵐山
Tenryu-ji　天龍寺
Fushimi-Inari-Taisha Shrine　伏見稲荷大社
Tofuku-ji　東福寺
Byodo-in temple　平等院
Ujigami-jinja shrine　宇治上神社
Sanjusangendo temple　三十三間堂
Ginkaku-ji　銀閣寺
Nanzen-ji　南禅寺

Almost 84 million tourists visited Kyoto in the year 2014, and of these, almost 2 million were visitors from overseas. The number of international visitors, then, averages more than 5,000 per day, every day of the year! With a population of just 1.4 million residents, you can imagine how the city and people of Kyoto work hard to make millions of visitors feel welcome, helping them find places to stay, get around the city, eat a variety of local foods, and enjoy their stay.

How will you plan—and then experience—your own stay in Kyoto? How would you help international visitors understand

and appreciate the deep cultural treasures and special "feel" of Kyoto?

There are several ways we suggest that you approach Kyoto, and these may also help you explain to international visitors how they can make the most of their visit. Of course, many may be on tours with professional guides, but many want to "customize" their visit, and you may be able to assist them to focus on special aspects of this very special city.

Seeing "World Heritage" Kyoto

Kyoto has one of the highest number of UNESCO-designated World Heritage Sites of any city in the world. In 1994, seventeen (17) temples, shrines, and a castle were recognized, each for specific reasons. This shows both the depth and breadth of

Chapter 5 How to Explore Kyoto & What to See

The Five-story pagoda of To-ji

Kyoto's history, its cultural legacy, its role as a capital, and the richness of its religious significance.

One way to explore Kyoto, then, would be to see all 17 of the World Heritage Sites. Because of their locations in many parts of the city, however, we suggest that this special "tour" would take almost a full week. You would need to plan carefully so that you could see some of the sites located close to each other in one day, while spending half a day or even longer on some of the sites not directly in the city.

Kyoto-area's World Heritage Sites

The 17 "Historic Sites of Ancient Kyoto" recognized by UNESCO in 1994 are listed here, with brief introductions – they are organized in groups of Shinto shrines (3), Buddhist temples (13), and one castle. Note that the Japanese word *"jinja"* is used for shrines, the words *"ji,"* *"in"* or *"tera/dera"* are used for temples, and *"jo"* is used for a castle.

Shrines

1. **Shimogamo-jinja** – a Shinto shrine that pre-dates capital-city Kyoto, known also for the Aoi-Matsuri parade each May 15th.

2. **Kamigamo-jinja** – a "sister" Shinto shrine to Shimogamo-jinja, terminus of the Aoi-Matsuri.

3. **Ujigami-jinja** – an ancient Shinto shrine with some of the oldest shrine architecture in Japan.

Temples

4. **Kinkaku-ji** – the famous "Golden Pavilion," Zen Buddhist temple with reflecting lake & gardens.

5. **Ginkaku-ji** – more subdued "Silver Pavilion" Zen temple with gardens in a forest setting.

6. **Ryoan-ji** – an active Zen temple, famous for its rock garden, good for quiet meditation.

7. **Ninna-ji** – originally an Imperial Villa, an ornate temple with

Chapter 5 How to Explore Kyoto & What to See

The 17 World Heritage Sites in Kyoto & Nearby

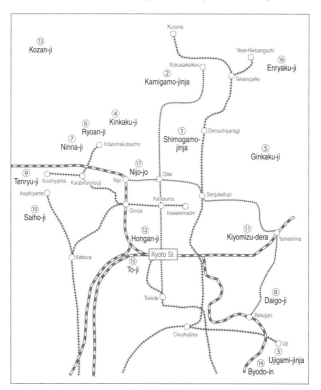

5-story pagoda & exquisite artwork, & head of one of the Shingon sect's lineages.

8. Daigo-ji – one of Kyoto's earliest temples, with Kyoto's oldest surviving 5-story pagoda, also head of one of the Shingon sect's lineages.

9. **Tenryu-ji** – one of the main temples of the Rinzai Zen sect, with stunning pond & gardens; one of the "Five Mountains of Zen" in Kyoto.

10. **Saiho-ji (also known as Koke-dera)** – over 120 types of moss grow in this temple's gardens.

11. **Kiyomizu-dera** – set on the side of a steep hill, with massive wooden pillars & a pagoda.

12. **Hongan-ji** – headquarter temple & Noh stage of the Jodo Shinshu "Pure Land" Buddhist sect.

13. **Kozan-ji** – a forested temple with Japan's oldest tea field, tea helped monks stay awake.

14. **Byodo-in** – originally a villa, later a Buddhist temple with the "Phoenix Hall" fronted by a lake.

15. **To-ji** – a temple complex near Kyoto Station with a towering, 5-story pagoda & monthly fair; founded in 796, To-ji is the only surviving of 3 original Buddhist temples permitted to be located in the newly established capital, Kyoto.

16. **Enryaku-ji** – temple complex of the esoteric Tendai sect of Buddhism, in forests high on Mt. Hiei overlooking Kyoto & Lake Biwa in Shiga.

Castle

17. **Nijo-jo (Nijo Castle)** – the Kyoto headquarters of the Tokugawa family, rulers of Japan in Edo, while the Imperial Family remained in Kyoto.

Chapter 5 How to Explore Kyoto & What to See

Seeing Imperial Kyoto

Kyoto was Japan's capital from 794 to 1867 AD, and the Imperial Family lived here even when administrative power sometimes moved away, as it did during the Kamakura period. Some of the Imperial villas—where the Emperor or members of the Imperial Family rested or escaped the summer's heat—were later transformed into Buddhist temples (such as World Heritage Site, Ninna-ji). Others have remained under management of the Imperial Household Agency, and are well worth a visit if you can arrange to do so. The three Imperial sites available for international visitors to see are:

1) The Imperial Palace–Kyoto—located in the center-north of the city between the north-south streets of Karasuma and

Kawaramachi, the Imperial Palace is a very large urban park. There are forests, paths, and benches to rest on or have a picnic.

Inside the Palace Grounds is an area not normally open to the public, enclosed in a high wall. On guided tours, you will be able to see the large, spacious areas where official functions were performed and the Imperial Family lived. The gardens and artwork inside are quite special, giving a sense of the long period of Imperial rule and influence in the nation's life.

Kenreimon gate of Kyoto Imperial Palace

Chapter 5 How to Explore Kyoto & What to See

Also inside the Outer Grounds of the Palace are the offices of the Imperial Household Agency. This is where you would go with international visitors to apply for tours inside the Imperial Palace itself, and inside the other two sites listed below (Katsura Rikyu-Imperial Villa & Shugakuin Rikyu-Imperial Villa). The number of visitors to these sites is very limited, and although visitors with foreign passports may be lucky to find space on the tours quickly, most Japanese citizens have to apply many months in advance for permission to enter the Palace and Imperial Villas.

2) Katsura Rikyu—Imperial Villa—located on the south-west edge of Kyoto on the Hankyu Rail Line towards Osaka, and next to the Katsura River, this Imperial Villa

is world-famous. Its gardens are perhaps the most beautiful in all of Japan, and its architecture is quite stunning. With simple lines, a careful balance between "inside" and "outside"—with views of the gardens from various rooms—and a refined simplicity, Katsura Rikyu is a "must-see" for international visitors. Because the numbers who can enter are very limited, and as there are many tourists (and Japanese citizens) who want to visit, you might be disappointed by not being able to get a time-slot to see this Villa.

3) Shugakuin Rikyu—Imperial Villa—located in the far north-eastern corner of Kyoto, in the foothills of Mt. Hiei, this Imperial Villa is quite different from the one at Katsura. With more traditional architecture surrounded by gardens, and using the hills and slopes of Mt.

Hiei as a beautiful backdrop, the Shugakuin Rikyu gives a sense of quiet, restful countryside life. To preserve that sense, there are rules on what kind of signs and construction that can be built near the Villa, so that the view from the Villa itself remains timeless, as if still in the 17th Century.

As with the Katsura Rikyu and the Imperial Palace Grounds of Kyoto, permission must be requested from the Imperial Household Agency, which can be done online at: http://sankan.kunaicho.go.jp/english/about/rikyu.html

Seeing Kyoto by Neighborhoods

When you look at a map of the city of Kyoto, you will notice several things. First, that it is surrounded on the north, east, and west by hills and mountains. Second, that its main streets are laid out in a grid, with north-south and east-west streets (although some of the smaller streets are curved and less regular). Third, you will see that many of the main sites to visit are in clusters, and are located near the edges of the valley, in the foothills surrounding the city.

To make good use of your time when you visit Kyoto, we recommend that you plan to visit several sites near each other. You could call these "neighborhoods," and we also want you to think of seeing Kyoto in "Quadrants." This word means a section of the city, usually divided into four (4) parts—the North-east, North-west, South-east, and South-west.

Why do we suggest this? If you do not plan well, and want to visit Kinkaku-ji and Ginkaku-ji temples "back-to-back," for instance, because they are the "Golden" and "Silver" Pavilions (and they seem to be a "pair"), you will have a long bus or taxi ride between them. While you are near Kinkaku-ji, however, you could also visit the famous rock-garden temple, Ryoan-ji, as well as nearby Ninna-ji, the headquarters of the Omuro branch of the esoteric Shingon sect of Buddhism.

Some of the "Quadrants" we recommend are as follows:

1) North-west

The three temples mentioned above—Kinkaku-ji, Ryoan-ji, and Ninna-ji—are all within a 10 or 15-minute walk of each other in this neighborhood, so seeing them in one morning or afternoon makes good sense. While you are in this part of Kyoto, you might also visit Daitoku-ji, one of the "Five Mountains of Zen," with sub-temples that are also a "must-see" if you like Zen-inspired gardens.

2) South-west

On the far western side of Kyoto, a bit to the south, is an area called Arashiyama. Not only is the river, with its long wooden bridge and a view up the river valley, quite beautiful, but there are famous sites nearby as well. These include a World Heritage Site, Tenryu-ji, as another of the "Five Mountains of Zen" in Kyoto, as well as a well-visited bamboo forest. If you have been lucky enough to schedule a visit to Katsura Rikyu, seeing the Imperial Villa for part of the morning or afternoon would give you a chance to visit the temples, gardens, bamboo groves, and beauty of the Arashiyama neighborhood in the South-west quadrant of Kyoto.

Togetsu-kyo Bridge across the Katsura River

3) South & South-east

In the south-east quadrant, there are actually two (2) areas, each of them convenient to see a cluster of temples, shrines, and related sites. In the farther south-east, for instance, you would be able to visit the Fushimi-Inari-Taisha Shrine, with its hundreds of red-colored *torii* gates (donated by patrons praying for good luck from the Shinto Gods housed in the Shrine).

Not too far away is Tofuku-ji, a Zen temple with a unique style of gardens, the Byodo-in temple with its "Phoenix Hall," the ancient

Tofuku-ji, famous for its beautiful autumn colors

Ujigami-jinja shrine, and the tea-growing area called Uji, famous for its tea nationwide. To tempt you further, the Fushimi area is also famous as Kyoto's main neighborhood of Japanese rice-wine (*sake*) makers.

The south-east quadrant that is closer to Kyoto Station and the center of town, however, also has a cluster of sites you could visit. These include the Sanjusangendo temple with its 1,000 gilded Buddhist statues of Kannon, the Kyoto branch of the National Museum, and an all-time favorite temple to visit—Kiyomizu-dera.

Kiyomizu is situated on a steep hill, and the main temple building is supported on giant wooden columns. There is a saying in Japanese based on this structure—"I'll throw myself off the balcony of Kiyomizu-dera." This means that you are ready to take a major risk or make a decision that entails risk—who knows whether you would survive the fall from such a high place? Across the valley in the temple grounds you will see a small pagoda, and you may also see monks or lay-believers standing under ice-cold jets of spring-water, purifying their souls and strengthening their Buddhist faith. The road up the hill to Kiyomizu-dera is also an attraction, as it is lined with shops selling souvenirs and the famous pottery of this area, known as "Kiyomizu-yaki."

4) East & North-east

"Higashiyama" is a word in Japanese that means "Eastern mountain," and the area along the eastern foothills of Kyoto is famous for its temples, gardens, and the "Philosopher's Walk." At the northern end of the "Philosopher's Walk" is Ginkaku-ji, the Silver Pavilion, and at the southern end is Nanzen-ji (an important temple at the top of the system known as the "Five Mountains of Zen"). Each of these temples has stunning gardens and architecture, and the Philosopher's Walk between them along Kyoto's eastern edge, with cherry trees and willows hanging over a gurgling stream, takes you quietly past a number of other temples.

Nanzen-ji, one of the most important Zen temples

You will find quaint cafés, and shops selling traditional handicrafts or Japanese sweets as well. Why not stop in for some *zenzai* or *oshiruko*—a delicious Kyoto-styled dessert made from beans—with a green tea-flavored maccha drink or your favorite café o'lait?

Seeing Kyoto "through special lenses"

Each of the ways we have recommended that you explore Kyoto—or help international visitors experience this ancient, beautiful, and remarkable city—has a certain logic. One is to see the sites recognized by UNESCO for their World Heritage value. A second is to get a feel for the Imperial tradition through the Palace and two Villas. The third helps you divide your sight-seeing by neighborhoods, seeing parts of the city in quadrants or clusters.

Some visitors to Kyoto, however, may have very special interests that they want to focus on, so we have called this section "seeing Kyoto through special lenses." What are some of the possible areas of interest? We suggest the following specialized ways to organize your visit:

Other Ways to Focus on Kyoto

- **Zen Buddhist** temples, gardens, statues, & art – Zen has been popular in Western countries, so many travelers are eager to visit, and even to try sitting *zazen*, in Kyoto's Zen temples.
- **Buddhist sects** other than Zen – Tendai, Shingon, Jodo-shu, Jodo Shinshu, Nichiren, & others. As Kyoto was central for such a long time, it is natural that most of the main Buddhist sects were established in or near the capital, Kyoto (& many of their founders began their religious training at Enryaku-ji on Mt. Hiei).
- **Gardens** – many of the most notable gardens will be found in temples & shrines, ranging from *karesansui* ("dry landscape" rock gardens, to "strolling gardens," often with

picturesque ponds, and *shakkei* ("borrowed landscape," using the nearby hills to enhance the garden).

- **Traditional arts** – Nishijin weaving, Yuzen-styled silk-dyeing – if you imagine Japanese kimono, you likely also have in mind dyed silk & woven cloth for the *obi* belt, both of which are historical art-forms originating in Kyoto.

- **Handicraft, pottery, paper-making** – each of these has a deep tradition in Kyoto – the city & the prefecture – with small shops, a larger Handicraft Center, and even a modern Kyoto Museum of Traditional Crafts

- **Theater, Dance, & Maiko/Geiko Culture** – as mentioned, Noh, Kabuki, Kyogen & other dance forms have Kyoto roots, & who can not be interested in Maiko & Geiko (Geisha) culture? Whether hoping to glimpse a Geisha on her way to provide dinnertime entertainment, or to try on the Maiko's training kimono, foreign visitors are eager to experience this dimension of traditional Kyoto culture.

- **Festivals & Matsuri** – not only the "big three" each year, but countless other festivals, dance, & *matsuri* opportunities held throughout the year, in various parts of the city & surroundings.

- **Hiking, trekking, walking** – how about a walk up Daimonji to see the "big dai character," or hike up Mt. Hiei to explore Enryaku-ji temple? These are both popular with those who have a bit longer to explore Kyoto, wishing also to view the whole city from a higher elevation.

- **Cuisine** – Kyoto's distinctive vegetables, tofu, temple/vegetarian, and other cuisine. From the branded, organic Kyoto vegetables, traditional pickles unique to Kyoto, to the tofu & *yuba* special dishes in the Higashiyama district, World Heritage Japanese cuisine can be experienced at its source with *Kyo-ryori*.

- **Ryokan & Restaurant Kyoto** – what are the unique places to stay in or eat, perhaps overlooking the Kamo River or in the Gion? Not all residents of Japan get to stay in a traditional *ryokan* inn, so if you can, and can introduce international guests to this refined quality, it will enhance their enjoyment of Kyoto.

- **Machiya & Lifestyle Kyoto** – how do the people of Kyoto live today, and how did they live in ancient times? May we see a Machiya? Don't miss the opportunity to see for yourself, as there are walking tours that include Machiya.

Machiya in Gion area

We can imagine other "special lenses" you may have an interest in, or your international friends may want to explore. How will you help them experience and see "their very own Kyoto"?

Chapter 6
Special Places, Unique Excursions

Kibune shrine (top),
Mountain trail to Enryaku-ji (bottom)

【おススメの京都】

　京都の文化遺産として認定されている延暦寺(所在地は滋賀県)は是非訪れたい場所です。他にも日本三景のひとつ、白砂青松の景勝地とされる天橋立など、京都市内の寺社仏閣巡りだけでなく、周辺のおススメスポットを紹介します。

● わからない語は巻末のワードリストで確認しましょう。
- ☐ sacred place
- ☐ monastery
- ☐ rigorous
- ☐ fatigue
- ☐ quaint
- ☐ subdued

● 主な地名および名称、固有名詞

Tendai sect　天台宗
Konpon-chudo　延暦寺根本中堂
Saicho　最澄
Dengyo Daishi　伝教大師
Jodo　浄土宗
Jodo Shinshu　浄土真宗
Rinzai (Zen) sect　臨済宗
Nichiren sect　日蓮宗
Omimaiko　近江舞子
Washi　和紙
Yunohana onsen　湯の花温泉
Kurama onsen　くらま温泉
Kurama-dera temple　鞍馬寺
Kifune (Kibune) Shrine　貴船神社
Amanohashidate　天橋立
Kawai Kanjiro Memorial House　河井寛次郎記念館
nobori-gama kiln　登り窯
Hamada Shoji　濱田庄司

We have focused mainly on Kyoto City, and mostly within the city itself. As mentioned early in this book, though, Kyoto is also part of Kyoto Prefecture—with a lot of variety far from the city—and there are places near Kyoto, too, that are not directly part of the city.

In this section we want to suggest a few excursions that take you a little further away, beginning with Mt. Hiei and the Enryaku-ji temple. Later, let's travel into Kyoto Prefecture to glimpse Kyoto-beyond-Kyoto.

Enryaku-ji — "An Esoteric Excursion"

So close, but so far away, often above the clouds! Overlooking the city of Kyoto from the peak of Mt. Hiei — 848 meters high — is one of Japan's most important temples, Enryaku-ji. Hiei-zan mountain is located north-east of Kyoto, which was seen in early history as an important direction, guarding the city from evil. Seen by many people even today as a sacred place, you may experience how magical it feels if you are able to take the time to visit the mountain and Enryaku-ji — which is still an active Buddhist monastery of the esoteric Tendai sect. We hope you will visit the main temple building, Konpon-chudo,

Konpon Nyoho-to in Yokawa area

nestled in a quiet forest near the top of the mountain.

Enryaku-ji's founder, Saicho (who is also known after his death as Dengyo Daishi) lived from 767 to 822. He began his studies of Buddhism in the conservative temples of Nara when that city was still the capital. When he was quite young, in 788 he moved to Mt. Hiei to begin more isolated studies and meditation. Later, after he traveled to China, he brought back the teachings of the Tendai sect of Buddhism, and in 807 he chose 100 monks for a 12-year very rigorous training course.

Tendai—and the training of monks on Mt. Hiei—has emphasized strict self-discipline. Through very cold weather on the mountain, monks are taught the Buddhist sutras, and they take part in esoteric rites such as the burning of *goma* sticks of wood. Only a few monks in the 1,200 years of Enryaku-ji's history have completed the most difficult form of training—1,000 days of continuous "walking" meditation—which has given them the name "Marathon Monks." Followers of Tendai see the successful "graduates" of this 1,000-day-and-night training as having become a "Living Buddha."

Part of the reason Enryaku-ji has been so important in the history of Buddhism in Japan is that monks who have trained on the mountain have started other sects of Japanese Buddhism. These include the Jodo, Jodo Shinshu, Rinzai (Zen), and Nichiren sects, each of which has been very important and influential.

So, how do you get to Enryaku-ji, and

what do you see when you get there? We recommend that you go up the mountain on a clear day. From the top, you will see all of Kyoto City in the valley below. On the other side, you will see part of Japan's largest lake, Biwa-ko, the sands and beautiful pine trees of Omimaiko, and the city of Otsu.

There are four ways to make the trip up Mt. Hiei

Choose the way that interests you most, but plan for a day-trip without rushing, so that you can walk through the paths and forests between sub-temples of Enryaku-ji while you are there.

- **By Cable Car & Ropeway** – take the Eiden Line train from Demachiyanagi Station to Yase-Hieizanguchi Station, transfer to the Eizan Cable Car, and then transfer to the Eizan Ropeway. The views as you go up the Cable Car and Ropeway will be "breath-taking"! When you get off the Ropeway you will hike a gentle 30-minute walk to Enryaku-ji, finding first the main temple building, the Konpon-chudo. Be sure to check the time for your departure, to make it to the last Ropeway and Cable Car back to Kyoto, enjoying the view again.

- **By Cable Car from Sakamoto** – on the other side of Mt. Hiei, in Shiga Prefecture, you can ride a Cable Car from Hiei-Sakamoto Station and walk about 700m to Enryaku-ji from the top. From Kyoto Station, take the JR Kosei Line and then a bus to the bottom of the Cable Car.

- **By Bus** – Perhaps the easiest trip up the mountain is by bus, getting on either at Kyoto Station or at Sanjo-Keihan Station. Check the schedule for your return trip by bus, as it gets chilly on the mountain if you stay overnight!

- **Hiking on foot** – Imagine how monks went up the mountain, or came down to visit Kyoto, before cable cars, ropeways, or cars & buses. The hike up Mt. Hiei in good weather is very enjoyable, taking about 2 or 2.5 hours. The trail begins near the Shugakuin Rikyu Imperial Villa, and winds through wooded valleys along a stream at times, letting you feel the mountain the way monks or pilgrims experienced it year ago. You may choose to come down the mountain by bus or ropeway and cable car, but it is a special trip to hike up as in olden days.

By the way, there is "another history" of Enryaku-ji you should know. At its strongest, there were over 3,000 sub-temples and thousands of monks living on Mt. Hiei. However, there were also "warrior monks," hired to fight between factions in the Tendai leadership. In 1571, after the warrior monks even attacked and burned a lot of Kyoto, the warlord Oda Nobunaga—as part of his important work to unify Japan—attacked Enryaku-ji, destroying most of the temple and killing thousands of its residents. The temple was rebuilt when Toyotomi Hideyoshi came to power after Oda's death, and has been much more peaceful in the 400 years since that time!

Washi—Creating traditional Japanese paper
For more than 1,000 years, paper has been made in Japan from natural materials, in traditional ways handed down from generation-to-generation. The techniques

The *washi* paper used for *shoji* screens

that were brought from China and Korea, though, were adapted to the high humidity and different climate of Japan, and to the kinds of materials that were available. Have you seen business cards made from *washi* (Japanese hand-made paper), or paper lanterns and household goods, including *shoji* sliding doors in Japanese houses?

In the river valleys of Kyoto Prefecture, with cold running water to help wash the natural ingredients, paper has been made in quiet farming communities for a very long time. Mulberry bark, hemp, and other materials (including bamboo) are used—they are soaked, treated, rinsed with cold water, and pounded—and when the pulp is ready, it is filtered on screens to make *washi* of various thicknesses and colors.

One place to experience handmade *washi* paper, with a tradition over 800 years old, is in the village of Kurodani in central Kyoto Prefecture near the town of Ayabe. *Washi* is made best in the cold winter months, when the farmers are not busy in their fields, and the water helps to clean the materials. Some of the other sights to see in Kyoto in the winter are closed (such as the cable car and ropeway up Mt. Hiei to Enryaku-ji), so the trip through rural Kyoto Prefecture to watch paper-making in the colder months would be a special experience. You may even be able to "try your hand at it," with guidance from the traditional *washi*-maker.

Hot Springs, Onsen, & the Sea of Japan

A refreshing part of Japanese culture is the *onsen*—hot spring baths and the bathing tradition. Other areas of Japan are more famous for their hot springs, but as part of an island country with volcanoes, tectonic plates, and earthquakes, there are *onsen* in almost every prefecture, including Kyoto. Some of these are in Kyoto City, or not far away in Kyoto Prefecture.

One closest to Kyoto is in Arashiyama, on the western edge of the city. Famous for Tenryu-ji temple (one of the "Five Mountains of Zen") and nearby bamboo groves, the hot springs in Arashiyama provide a great view while you relax and "unwind" from your sight-seeing, letting the *onsen* waters soak away your fatigue. There are even some spots where you can rest your tired feet in the hot *onsen* water, without having to take the time to bathe. A little farther, through the mountains to the west of Arashiyama, on the JR San'in train line past Kameoka, is the Yunohana *onsen*, nestled in a quiet valley surrounded by forests and mountains.

Another is in the far northern part of the city—the Kurama *onsen* area at the end of the Eizan Railway Kurama Line. With the quaint town of Kurama to walk through, Mt. Kurama to climb, Kurama-dera temple and nearby Kifune (Kibune) Shrine to visit, the *onsen* up the river valley—with its *rotenburo* open-air bath outdoors—is refreshing to visit on a day-trip, or to stay overnight at the *ryokan* inn. As you can reach Kurama in less than an hour from Kyoto Station, it is worth the trip to find such a secluded, relaxing *onsen* in a forested valley away from the city.

Farther north, accessible by express train in about 100 minutes from Kyoto Station, is Amanohashidate—known as one of Japan's "three most famous views." Located in Miyazu Bay on the Tango Peninsula, where Kyoto Prefecture faces the Sea of Japan, Amanohashidate is a 3.6-km-long sand-bar covered with pine trees. The name means "Passage to Heaven," as the early-morning mist makes a mystical view of the trees and water, as if you are on the road to Paradise. If you make the trip, be sure to explore the

Amanohashidate, one of the Japan's three scenic views

coastline of Kyoto Prefecture—if you're lucky you may find an *onsen* not too far away, and a quiet place to stay.

"Magical" Kawai Kanjiro Memorial House

Not all of your Kyoto experience needs to be in temples, shrines, or gardens, although these are all very special. For a "change of pace," we want to recommend a different way to explore Japanese culture, through its folk-art tradition. One of our favorite places to do this is a visit to the house of the folk-potter and sculptor, Kawai Kanjiro. On every trip to Kyoto, we include at least an hour to visit and enjoy this quiet spot that is not on the big tours or school-bus excursions to Japan's ancient cultural capital.

Located on a quiet, narrow alley in the

Higashiyama-Gojo neighborhood, not far from the more famous Kiyomizu temple, Kawai's house has been turned into a living memorial of how he lived in it. From the outside, it looks like many other traditional Japanese houses—modest and subdued—with a carved wooden signboard helping you find it.

Inside, imagine a unique combination—on the one hand, you will find all that you would expect from old Kyoto culture, including *tatami* mats, steep stairs, dark-wood furniture, an inner courtyard garden, flowers arranged in pretty vases throughout the house, and an *irori* hearth. To this, add the wood and bronze sculptures he made, the studio and potter's wheel where he created his many pieces of pottery, and the very large *nobori-gama* kiln that "climbs the hillside" at the back of the long, narrow property. The house "lives and breathes" the simple beauty of a folk-artist's life.

Kawai was born in Shimane Prefecture in 1890, moving to Kyoto in 1920 after studies in Tokyo, and living in this house until he passed away in 1966. He and others in the *mingei* (folk-art) movement tried to honor and preserve common people's lives, and the art they created sought simplicity and used natural ingredients, including the glazes Kawai experimented with and made for his pottery.

Although Kawai was known for his unique artistry, he was modest and did not want to be famous. Even when he was asked if he would become a Living National Treasure — Japan's highest recognition of creative genius in traditional art-forms — Kawai turned down the honor. He said the distinction should go instead to his life-long friend, Hamada Shoji, another *mingei* potter. His house, his artistic creativity, his modesty, his glazes and pottery, and his deep but simple life philosophy, are all on display in the house that Kawai Kanjiro lived in. You will enjoy the quiet time and beauty you will find when you visit this hidden, magical gem on a back street in Kyoto.

Kawai Kanjiro Memorial House

Chapter 7
Have You Enjoyed Exploring Kyoto?

Ryoan-ji (top),
Gion area (bottom)

【まとめとFAQ】

京都の魅力を英語で語れるようになりましたか？ 最後に京都をどう理解し、紹介すればよいかまとめます。よく聞かれる質問に対する答えを知っていると、海外からの訪問客に説明するときに便利です。

● わからない語は巻末のワードリストで確認しましょう。

- ☐ vibrant
- ☐ aristocracy
- ☐ nurture
- ☐ ritual
- ☐ exploration
- ☐ bureau

● 主な地名および名称、固有名詞

Kyocera 京セラ
Nintendo 任天堂
Suntory's Yamazaki Distillery サントリー山崎蒸溜所
zazen 座禅
Doshisha University 同志社大学
shojin-ryori 精進料理
Daiji-in sub-temple 大慈院
Kyo-yasai 京野菜
Machiya townhouse 町屋
okudosan おくどさん
shoki 鍾馗
kawayuka or kawadoko 鴨川の川床と貴船の川床
darari no obi だらりの帯
okobo おこぼ
Toei studio theme park 東映太秦映画村
Ine Bay 伊根湾
Taiza Port 間人港
Taiza crabs 間人ガニ

With its thousands of Buddhist temples, hundreds of Shinto shrines, tens of beautiful Zen-inspired gardens, and wonderful scenery, walks, and cuisine, maybe you will not be able to see ALL of Kyoto in one visit. It is a city—and a prefecture—that you can visit many times in order to dig deeper into its history, explore more of its unique beauty, and understand both its traditional culture and vibrant modern qualities.

How would you summarize Kyoto, and how will you explain the richness of Kyoto to your international friends? Here are a few concluding thoughts and summary points.

- From 794 to 1868, Kyoto served as the capital, cultural center, and Imperial Court of Japan for over 1,000 years.

- Many of Japan's traditional art forms originated in Kyoto, as artists, craftsmen, farmers, and merchants served the needs of the ruling aristocracy and Imperial Court.

- The cultural legacy includes visual arts, textile arts, theatrical arts, musical arts, religious arts, ceremonial arts (tea, flower-arranging, others), martial arts, gardening arts, cuisine, and more.

- The deep religious traditions of Japan were nurtured in and near Kyoto, both in ancient Shinto rituals and in Buddhist training and teachings, in such places as Enryaku-ji, the "Five Mountains of Zen," and many other important temples and sects.

- Kyoto is an important place of World

Heritage sites, recognized and appreciated not only as Japan's cultural capital, but of global significance, cultural depth, and amazing beauty.

- Kyoto also remains a place of creativity, innovation, and deep studies and research — with world-class universities and globally-recognized companies (including Kyocera, Nintendo, and Suntory's Yamazaki Distillery, among others).

Nestled in a beautiful valley, protected by surrounding hills and mountains, blessed with rivers, forests, and four seasons, and preserved from the damages of war, Kyoto is a treasure-house of cultural traditions, religious teachings, and artistic legacies. We hope you have enjoyed — or will soon — your exploration of everything Kyoto represents and has to offer.

Gourmet Kyoto Cuisine

Kyoto is known for a variety of cuisine styles, as well as its seasonal cuisine. For descriptions of *Kaiseki-ryori*, *Kyo-ryori,* and *Shojin-ryori*, we quote from Bento.com and recommend the website as follows.

Kyoto cuisine (also known as "*Kyo-ryori*" or "*Kyoto-ryori*") is known throughout Japan for its highly refined preparation and artistic presentation. Basic ingredients include tofu and tofu products like *yuba* (tofu skin); locally grown vegetables like eggplant, *daikon* and carrots; bamboo shoots; and *fu* (the processed wheat gluten that's a staple in Buddhist vegetarian diets). Fish and seafood are generally imported from other parts of the country, since Kyoto is inland.

Kyo-ryori restaurants often serve a lot of tofu and *yuba* dishes, sometimes building an entire menu around these ingredients.

Many Kyoto restaurants offer *kaiseki* service, a lavish banquet cuisine where numerous small dishes are ceremoniously brought to the table over the course of an hour or two. Some places specialize in only *kaiseki* service (and these can be very expensive), while other restaurants offer a full range of meal options, including "mini-*kaiseki*," a more economical *kaiseki* option. (Note that the term "*kaiseki*" is now used in many ordinary Japanese restaurants simply to refer to their most expensive, multi-course options.)

Finally, there's *shojin-ryori,* vegetarian temple cuisine that's served at many teahouses attached to Kyoto temples, usually only at lunchtime.

Used with permission – please refer to Bento.com: http://bento.com/kansai/kc-kyoryori.html

Yuba (tofu skin) cuisine

Frequently Asked Questions [FAQ]

Q1. What is the best season to invite my friends from overseas to visit Kyoto?

A1. This will depend on whether your friends have any special requests or prefer a particular season. For instance, if they like warm weather and will be traveling from Australia or New Zealand—where the weather in July and August is quite cold—they might like Kyoto in its hottest season. Many, however, prefer Kyoto in the spring—to see the cherry trees in bloom—or the autumn—to see the maple leaves (in particular) in their brightest yellows and reds. If their hope is to hike up Mt. Hiei to visit Enryaku-ji, as another example, they should avoid Kyoto's chilly winter, as hiking would be difficult and even the cable car from near Shugakuin will not be operating. Be sure to ask what your friends would like to see before they decide on the dates or season of their travels!

Frequently Asked Questions [FAQ]

Q2. My international friends and I want to experience *zazen* (Zen-styled meditation). When we visit Kyoto, is it possible to arrange a chance to sit *zazen* in a real Zen temple?

A2. Yes! Almost 20 Zen temples in Kyoto offer the opportunity for you (and your international guests) to experience *zazen*, according to a list available on-line from the Tourism Bureau of the Kyoto Prefectural Government (see below). You will see a range of possible *zazen* opportunities. If you prefer a short session, the famous Nanzen-ji temple in Higashiyama, near the Philosopher's Walk, offers an hour-long *zazen* sitting from 6:00 am (6:30 am in the winter months) on Sunday mornings twice a month, for free.

If you want the experience (and the discipline) of an overnight *zazen* sitting, every Saturday night from 5:30 pm to Sunday morning at 9:00 am, Myoshin-ji's *Zazen* Hall offers a *zazen* experience for a very reasonable 2,000 yen, including the cost of breakfast. In between these, Shokoku-ji temple—near Doshisha University and the Imperial Palace—offers a two-hour *zazen* sitting two Sundays a month, from 9:00 to 11:00 am, for just 300 yen your first visit. Be sure to check in advance, as times change at some temples depending on the season. Please see this web-site: http://www.pref.kyoto.jp/visitkyoto/en/theme/activities/cultural/zazen/

Q3. **My friends have told me they are vegetarians. Will we be able to find vegetarian food for them to eat in Japanese restaurants in Kyoto during their visit?**

A3. Yes, Kyoto may be one of the best places in Japan to enjoy vegetarian cuisine. One reason is the tradition of vegetarian food in Buddhist temples, known as *shojin-ryori*, now available at several restaurants (some of them inside Zen temples, like Daiji-in sub-temple in the famous Daitoku-ji temple). Another reason is a Kyoto specialty—tofu and *yuba* (fresh tofu skin)—with a number of restaurants, particularly in the Higashi-yama area offering tofu-centered meals.

A third and important reason is that both Kyoto City and Kyoto Prefecture have promoted *"Kyo-yasai"*—traditional and historical Kyoto-area vegetables—and have lists of "Kyoto vegetables in season" and "Kyoto-branded vegetables." Many of these vegetables are, in addition, certified as being organic.

So, if you let your inn or restaurant know that you are vegetarian, in Kyoto you will have many opportunities to eat delicious, healthy, often organic vegetables and other vegetarian food, including temple-based *shojin-ryori*. Be aware that in non-vegetarian restaurants in Japan, the broth used even for vegetable soups or noodles may have included meat when being made. For several vegetarian and vegetable-friendly spots, please take a look at this web-page: http://bento.com/kansai/kf-veg-ky.html

Q4. My school trip will take us to Kyoto. While we are there, where can we experience the tea ceremony in Kyoto?

A4. You will likely find several opportunities to experience the tea ceremony while in Kyoto. Café "Welcome to tea ceremony Kyoto" is one place in particular. Near Kinkaku-ji temple, this café offers a "special plan for students on school excursions," where you can learn manners appropriate to the tea ceremony while enjoying tea and Japanese sweets. They offer a full 45-minute course for 2,300 yen or a shorter *matcha* (ceremonial green tea) course for 1,000 yen. The Café is located at 37 Nishi-Goshonouchi-cho Kinugasa Kita-ku, Kyoto City.

Q5. We would like to see a traditional Machiya townhouse while we will be visiting Kyoto. How can I find one we can visit?

A5. The conveniently-located Shijo Kyo Machiya on Shijo-dori street opens its late-Meiji-period Machiya to the public. The inside of the Machiya is vertically long, and is sometimes called "a bed for an eel." This Machiya has lattice windows, and the upper floor has a window with an ultra-fine lattice (*mushikomado*). It also has a small patio, a kitchen with a high ceiling and a traditional furnace (*okudosan*). The roof is decorated with a small statue (*shoki*) and the tiles below it are straight lateral tiles. It is at 11 Katsukyoyamacho, Higashi-iru, Nishino Toin, Shijo-dori, Shimogyo-ku, Kyoto City, and is an 8-minute walk from Shijo station.

Q6. What are the riverside summer terraces (*kawayuka* or *kawadoko*) I see over the west side of the Kamo-gawa river like?

A6. The outdoor terraces along the riverbank are prepared by restaurants in Ponto-cho on the west bank of the Kamo-gawa river between Nijo-dori and Gojo-dori. You can enjoy Kyoto cuisine while being wafted by cool river breezes even on summer evenings. The terraces are put in place from May to September every year, and the price of lunches is quite reasonable. In the hills of northern Kyoto, Kibune also has riverside summer terraces over the Kibune river, the source of the Kamo-gawa river, where one will feel eve cooler because it is in a valley between mountains.

Q7. **What is the difference between Maiko and Geiko or Geisha?**

A7. Both Maiko and Geiko (often called Geisha) perform traditional arts, including songs, dance or musical accompaniment on the stringed *shamisen*, and are hired to bring an elegant atmosphere to evening banquets.

Maiko are apprentice young ladies before they become Geisha (approximately from 15 to 20 years of age). After they learn the performing arts and traditional Japanese culture during their five-year apprenticeship period as Maiko, they become Geisha. They belong to Geisha houses in the Gion or Kamishichiken neighborhoods, and go out in the evenings to high-end tea-house restaurants. Maiko dress their hair by themselves and put on a decorative hair pin, while Geisha wear a wig and plain (but very expensive) kimono. Maiko wear a long draping sash (*darari no obi*) and wear wooden footwear (*okobo*). Highly trained in the traditional arts of Kyoto and Japanese culture, they deserve respect for their cultured professionalism.

Q8. Why is Kyoto also called "a town full of students"?

A8. According to statistics from a recent year,

the number of university students in Japan is 2.57 million, that is, an average of 2.01 students per 100 residents. In Kyoto, however, this figure rises to 5.29 students per 100 residents. The second largest average is Tokyo (4.87) and the third is Shiga Prefecture (2.40). University students are especially conspicuous in Kyoto City (with its population of 1.4 million or more residents). As of 2013, Kyoto City had 37 universities and junior colleges, with a total number of students estimated at about 146,500. Together with about 10,000 vocational school students, more than one out of ten people in Kyoto City are students. Kyoto City is promoting a "Plan to Develop Kyoto as a City of Universities/a City of Students" in collaboration with the Kyoto University Consortium.

Q9. What are the meanings of *agaru* (above) or *nishiiru* (enter west) as you sometimes see in street addresses in Kyoto?

A9. Starting from an intersection of a west-east street and north-south avenue, *agaru* means going north, *sagaru* means going south, *higasiiru* means going east and *nishiiru* means going west. For example, the address of the Kyoto City Hall is 488 Kami-honnojimae-cho, Teramachi-dori Oike-agaru Nakagyo-ku, which tells us that it is in Honnoji-cho, north of the intersection of north-south Teramachi street and east-west Oike street.

Q10. What is "Movie Land" in Kyoto like?

A10. Formally called Toei Uzumasa Eigamura, the theme park is part of Toei Studios Kyoto and has been open to the public since 1974. It has open sets that are actually used in movies and TV dramas, and swordfight stunt shows, hero shows, swordfight lectures, and actors' talk shows are also offered. There is also a transformation studio where you can experience transformation into a character in a historical drama. The Toei studio theme park is a 5-minute walk from Keifuku Arashiyama Line Uzumasa Koryu-ji station.

Q11. What are good places to see cherry blossoms in Kyoto?

A11. Actually there are many great spots in Kyoto to see the cherry blossoms blooming in Kyoto, and each has different kinds of blossoms, many of which bloom in different periods, and have different surroundings, making all of them quite impressive. When you get to Kyoto, ask at your hotel or local shop-keepers where the best blossoms are in bloom.

Q12. I would like to get out of Kyoto City and visit the Tango region in Kyoto Prefecture facing the Sea of Japan. What should I see?

A12. In addition to the exceptional Amanohashidate, Ine Bay boathouses are a popular local destination. Ine is a fishing village at the back of the cove, with unique houses on the seaside so that they can accommodate a boat in the house. In July, they hold a "Sea Gion Festival." Also, Taiza Port has an *onsen* hot spring, and Matsuba crabs (Echizen crabs) that are caught there from November onward are famously called "Taiza crabs." Kotohiki beach in Amino town is 1.8 km long, and is mostly made up of "singing sands." For further information, see the "Kyo Tango navi" website at: http://www.kyotango.gr.jp/

Word List

- 本文で使われている全ての語を掲載しています（LEVEL 1、2）。ただし、LEVEL 3以上は、中学校レベルの語を含みません。
- 語形が規則変化する語の見出しは原形で示しています。不規則変化語は本文中で使われている形になっています。
- 一般的な意味を紹介していますので、一部の語で本文で実際に使われている品詞や意味と合っていないことがあります。
- 品詞は以下のように示しています。

名 名詞	代 代名詞	形 形容詞	副 副詞	動 動詞	助動 助動詞
前 前置詞	接 接続詞	間 間投詞	冠 冠詞	略 略語	俗 俗語
頭 接頭語	尾 接尾語	号 記号	関 関係代名詞		

A

- **a** 冠 ①1つの、1人の、ある ②〜につき
- **a bit** わずか、少し
- **a number of** いくつかの〜、多くの〜
- **able** 形《be – to 〜》(人が)〜することができる
- **about** 副 ①およそ、約 ②まわりに、あたりを 前 ①〜について ②〜のまわりに［で］
- **above** 前 ①〜の上に ②〜より上で、〜以上で ③〜を超えて 副 ①上に ②以上に
- **accessible** 形 近づきやすい、利用できる
- **accommodate** 動 ①収容する ②適合させる、合わせる
- **accompaniment** 名 ①付属のもの、②伴奏
- **according** 動《– to〜》〜によれば［よると］
- **across** 前 〜を渡って、〜の向こう側に、(身体の一部に)かけて
- **active** 形 ①活動的な ②積極的な ③活動［作動］中の
- **actor** 名 俳優、役者
- **actually** 副 実際に、本当に、実は
- **AD** 紀元後、西暦〜年
- **adapted** 動 順応［適応］する
- **add** 動 加える、足す
- **addition** 名 付加、追加、添加 in addition 加えて、さらに
- **address** 名 住所、アドレス
- **administrative** 形 ①行政の ②管理の、運営［経営］上の administrative power 行政権
- **advance** 名 進歩、前進 in advance 前もって、あらかじめ
- **after** 前 ①〜の後に［で］、〜の次に ②《前後に名詞がきて》次々に〜、何度も《反復・継続を表す》 副 後に［で］ 接 (〜した)後に［で］
- **afternoon** 名 午後
- **again** 副 再び、もう一度
- **age** 名 ①年齢 ②時代、年代
- **agency** 名 ①代理店、仲介 ②機関、政府機関
- **ago** 副 〜前に
- **agriculture** 名 農業、農耕
- **air** 名 ①《the –》空中、空間 ②空気、《the –》大気 by air 飛行機で
- **airport** 名 空港

Word List

- **all** 形 すべての, 〜中 **all the way to** はるばる〜まで, 〜までずっと 代 全部, すべて(のもの[人]) 名 全体 副 まったく, すっかり **all over** 〜中で, 全体に亘って
- **all-time** 形 いつまでも変わらない, 史上最高の
- **alley** 名 路地, 裏通り, 小道
- **almost** 副 ほとんど, もう少しで(〜するところ)
- **along** 前 〜に沿って 副 〜に沿って, 前へ, 進んで
- **also** 副 〜も(また), 〜も同様に 接 その上, さらに
- **although** 接 〜だけれども, 〜にもかかわらず, たとえ〜でも
- **amazing** 形 驚くべき, 見事な
- **among** 前 (3つ以上のもの)の間で[に], 〜の中で[に]
- **an** 冠 ①1つの, 1人の, ある ②〜につき
- **ancestor** 名 ①祖先, 先祖 ②先人
- **ancient** 形 昔の, 古代の **ancient times** 古代
- **and** 接 ①そして, 〜と… ②《同じ語を結んで》ますます ③《結果を表して》それで, だから **closer and closer** どんどん近づく
- **anniversary** 名 記念日
- **annual** 形 年一回の
- **another** 形 ①もう1つ[1人]の ②別の 代 ①もう1つ[1人] ②別のもの
- **anti-** 頭 反対の
- **antique** 名 骨董品, アンティーク **antique market** 骨董市
- **any** 形 ①《疑問文で》何か, いくつか ②《否定文で》何も, 少しも(〜ない) ③《肯定文で》どの〜も 代 ①《疑問文で》(〜のうち)何か, どれか, 誰か ②《否定文で》少しも, 何も[誰も]〜ない ③《肯定文で》どれも, 誰でも

- **apply** 動 ①申し込む, 志願する ②あてはまる ③適用する
- **appreciate** 動 ①正しく評価する, よさがわかる ②価値[相場]が上がる ③ありがたく思う
- **apprentice** 名 見習い, 徒弟
- **apprenticeship** 名 見習い(期間)
- **approach** 動 ①接近する ②話を持ちかける
- **appropriate** 形 適切な, ふさわしい, 妥当な
- **approximately** 副 おおよそ, だいたい
- **April** 名 4月
- **archaeological** 形 考古学の **archaeological remains** 考古学的遺物
- **architecture** 名 ①建築(学), 建築物(様式) ②構成, 構造
- **are** 動 〜である, (〜に)いる[ある] 《主語がyou, we, theyまたは複数名詞のときのbeの現在形》 **here are** 〜 こちらは〜です。
- **area** 名 ①地域, 地方, 区域, 場所 ②面積
- **aristocracy** 名 貴族階級, 貴族政治
- **around** 副 ①まわりに, あちこちに ②およそ, 約 **get around** 動き回る, 歩き回る 前 〜のまわりに, 〜のあちこちに
- **arrange** 動 ①並べる, 整える ②取り決める ③準備する, 手はずを整える
- **arrive** 動 到着する, 到達する
- **art** 名 芸術, 美術
- **art-form** 名 芸術形式, 芸術の域に達したもの
- **artisan** 名 伝統工芸などの職人, 熟練工
- **artist** 名 芸術家
- **artistic** 形 芸術的な, 芸術(家)の

- **artistry** 名芸術性, 芸術的手腕
- **artwork** 名アートワーク, 芸術作品
- **as** 接①《as ~ as …の形で》…と同じくらい~ ②~のとおりに, ~のように ③~しながら, ~しているときに ④~するにつれて, ~にしたがって ⑤~なので ⑥~だけれども ⑦~する限りでは 前①~として(の) ②~の時 副同じくらい **as if** あたかも~のように, まるで~みたいに **as well** なお, その上, 同様に **as well as** ~と同様に **be known as** ~として知られている **see ~ as …** ~を…と考える **such as** たとえば~, ~のような **such ~ as …** …のような~
- **Asian** 名アジア人 形アジアの
- **ask** 動①尋ねる, 聞く ②頼む, 求める
- **aspect** 名①状況, 局面, 側面 ②外観, 様子
- **assist** 動手伝う, 列席する, 援助する
- **assistant** 名助手, 補佐
- **at** 前①《場所・時》~に[で] ②《目標・方向》~に[を], ~に向かって ③《原因・理由》~を見て[聞いて・知って] ④~に従事して, ~の状態で **at least** 少なくとも **at the end of** ~の終わりに **at the time** そのころ, 当時は **at times** 時には **take a look at** ~をちょっと見る
- **atmosphere** 名①大気, 空気 ②雰囲気
- **attach** 動①取り付ける, 添える ②付属する, 帰属する
- **attack** 動襲う, 攻める
- **attraction** 名引きつけるもの, 出し物, アトラクション
- **attractive** 形魅力的な, あいきょうのある
- **August** 名8月
- **Australia** 名オーストラリア《国名》
- **auto** 名車, 乗用車
- **autumn** 名秋 **autumn leaves** 紅葉
- **available** 形利用[使用・入手]できる, 得られる
- **avenue** 名①並木道 ②《A., Ave.》~通り, ~街
- **average** 名平均(値), 並み 動平均して~になる
- **avoid** 動避ける, (~を)しないようにする
- **awake** 形目が覚めて
- **aware** 形①気がついて, 知って ②(~の)認識のある
- **away** 副離れて, 遠くに, 去って, わきに **far away** 遠く離れて **get away** 逃げる, 逃亡する, 離れる **move away** ①立ち去る ②移す, 動かす **pass away** 死ぬ **take someone away** (人)を連れ出す 形離れた, 遠征した

B

- **back** 名①背中 ②裏, 後ろ 副①戻って ②後ろへ[に] **bring back** 戻す, 呼び戻す, 持ち帰る **come back to** ~へ帰ってくる, ~に戻る **find one's way back** 元の場所にたどり着く 形裏の, 後ろの 動後ろへ動く, 後退する
- **back-to-back** 副連続して, 背中合わせに
- **backdrop** 名背景
- **balance** 名①均衡, 平均, 落ち着き ②てんびん ③残高, 差額
- **balcony** 名①バルコニー ②桟敷, 階上席
- **bamboo** 名竹(類), 竹材 形竹の
- **bank** 名堤防, 岸
- **banquet** 名宴会, ごちそう
- **bark** 名木の皮

Word List

- **base** 名基礎, 土台, 本部 動《 – on ～》～に基礎を置く, 基づく
- **basic** 形基礎の, 基本の
- **basin** 名盆地
- **bath** 名入浴, 風呂
- **bathe** 動①水浴する, 水浴びする ②風呂に入る［入れる］
- **bathing** 動 bathe（水浴する）の現在分詞
- **bay** 名湾, 入り江
- **BC** 紀元前, 紀元前～年（=Before Christ）
- **be** 動～である,（～に）いる［ある］, ～となる 助①《現在分詞とともに用いて》～している ②《過去分詞とともに用いて》～される, ～されている
- **beach** 名海辺, 浜
- **bean** 名豆
- **beautiful** 形美しい, すばらしい
- **beauty** 名①美, 美しい人［物］ ②《the – 》美点
- **became** 動 become（なる）の過去
- **because** 接（なぜなら）～だから, ～という理由［原因］で because of ～のために, ～の理由で
- **become** 動①（～に）なる ②（～に）似合う ③ become の過去分詞
- **bed** 名①ベッド, 寝所 ②花壇, 川床, 土台
- **been** 動 be（～である）の過去分詞 助 be（～している・～される）の過去分詞
- **before** 前～の前に［で］, ～より以前に 接～する前に 副以前に
- **began** 動 begin（始まる）の過去
- **begin** 動始まる［始める］, 起こる begin with ～で始まる
- **being** 動 be（～である）の現在分詞 名存在, 生命, 人間
- **believe** 動信じる, 信じている,（～と）思う, 考える
- **belong** 動《 – to ～》～に属する, ～のものである
- **below** 前①～より下に ②～以下の, ～より劣る 副下に［へ］
- **belt** 名ベルト, バンド
- **bench** 名ベンチ, 長いす
- **best** 形最もよい, 最大［多］の 副最もよく, 最も上手に
- **best-known** 形最もよく知られた
- **between** 前（2つのもの）の間に［で・の］ 副間に
- **bicycle** 名自転車
- **big** 形①大きい ②偉い, 重要な 副①大きく, 大いに ②自慢して
- **bird** 名鳥
- **bit** 名①小片, 少量 ②《a – 》少し, ちょっと
- **blast** 名突風, ひと吹き
- **bless** 動神の加護を祈る, ～を祝福する
- **blessing** 名（神の）恵み, 加護
- **bloom** 名花, 開花 動咲く, 咲かせる
- **blossom** 名花 cherry blossom 桜の花
- **blow** 動（風が）吹く,（風が）～を吹き飛ばす
- **boat** 名ボート, 小舟, 船
- **boathouse** 名ボートハウス, 舟小屋
- **bonfire** 名（祝祭日などの）大かがり火, たき火
- **book** 名本, 書物 動予約する
- **border** 名境界, へり, 国境 動接する, 境をなす
- **born** 動 be born 生まれる
- **borrow** 動借りる, 借金する
- **borrowed landscape** 借景
- **both** 形両方の, 2つとも 副《both ～ and … の形で》～も…も両方とも 代両方, 両者, 双方

Exploring Kyoto

- **bottom** 名底, 下部, すそ野, ふもと
- **branch** 名①枝 ②支流, 支部
- **branded** 形ブランド[商標]のついた
- **breadth** 名幅, 横幅
- **breakfast** 名朝食
- **breath-taking** 形息をのむような, 驚くほどの
- **breathe** 動①呼吸する ②ひと息つく, 休息する
- **breeze** 名そよ風
- **bridge** 名橋
- **brief** 形①短い時間の ②簡単な
- **briefly** 副短く, 簡潔に
- **bright** 形輝いている, 鮮明な
- **bring** 動①持ってくる, 連れてくる ②もたらす, 生じる bring back 戻す, 呼び戻す, 持ち帰る
- **bronze** 名ブロンズ, 青銅
- **broth** 名出し汁, (澄んだ)スープ, ブロス
- **brought** 動bring (持ってくる)の過去, 過去分詞
- **Buddha** 名仏陀, 釈迦《仏教の開祖》
- **Buddhism** 名仏教, 仏道, 仏法
- **Buddhist** 形仏教(徒)の, 仏陀の 名仏教徒
- **build** 動建てる, 確立する
- **building** 名建物, 建造物, ビルディング
- **built** 動build (建てる)の過去, 過去分詞
- **bullet** 名銃弾, 弾丸状のもの bullet train 新幹線
- **bureau** 名案内所, 事務所
- **burn** 動燃える, 燃やす
- **burning** 名燃焼
- **bus** 名バス
- **business** 名①職業, 仕事 ②商売 business card 名刺
- **busy** 形忙しい
- **but** 接①でも, しかし ②〜を除いて not only 〜 but … 〜だけでなく…もまた 前〜を除いて, 〜のほかは 副ただ, のみ, ほんの
- **by** 前①《位置》〜のそばに[で] ②《手段・方法・行為者・基準》〜によって, 〜で ③《期限》〜までには ④《通過・経由》〜を経由して, 〜を通って by oneself 一人で, 自分だけで, 独力で by the way ところで, ついでに, 途中で 副そばに, 通り過ぎて go by (そばを)通り過ぎる

C

- **cab** 名タクシー
- **cable** 名ケーブル, 太綱
- **cable car** ケーブルカー
- **café** 名コーヒー[喫茶]店, 軽食堂
- **café o'lait** カフェ・オ・レ
- **call** 動呼ぶ
- **came** 動come (来る)の過去
- **can** 助①〜できる ②〜してもよい ③〜でありうる ④《否定文で》〜のはずがない
- **candle-stand** 名ろうそくスタンド
- **capital** 名形首都(の)
- **capital-city** 名首都
- **car** 名自動車, (列車の)車両
- **card** 名カード, 券, 名刺, はがき business card 名刺
- **careful** 形注意深い, 慎重な
- **carefully** 副注意深く, 丹念に
- **carrot** 名ニンジン
- **carry** 動①運ぶ, 連れていく, 持ち歩く ②伝わる, 伝える
- **carved** 形彫刻を施した
- **carving** 名彫刻, 彫刻作品

Word List

- **cast** 動投げる cast away 捨て去る,取り除く
- **castle** 名城,大邸宅
- **caught** 動catch(つかまえる)の過去,過去分詞
- **cauldron** 名大釜
- **cedar** 名ヒマラヤスギ,レバノン杉
- **ceiling** 名天井
- **celebrate** 動①祝う,祝福する ②祝典を開く
- **center** 名①中心,中央 ②中心地[人物] 動集中する[させる]
- **center-north** 中央北
- **centered** 形中心の[にある],集中した
- **central** 形中央の,主要な
- **century** 名100年間,1世紀
- **ceremonial** 形儀式的な,公式の
- **ceremoniously** 副厳かに,儀式ばって
- **ceremony** 名①儀式,式典 ②礼儀,作法,形式ばること
- **certain** 形①確実な,必ず~する ②(人が)確信した ③ある ④いくらかの
- **certify** 動①保証する ②証明する,認定する,資格を与える
- **chance** 名①偶然,運 ②好機 ③見込み
- **change** 動変わる,変える 名変化,変更
- **chapter** 名(書物の)章
- **character** 名①文字 ②(小説・劇などの)登場人物
- **charge** 名責任 in charge of ~を任されて,~を担当して,~を預かって
- **check** 動照合する,検査する
- **cherry** 名サクランボ,桜 cherry blossom 桜の花
- **chilly** 形①冷え冷えする,ぞくぞくする ②冷淡な
- **China** 名中国《国名》
- **Chinese** 形中国(人)の 名①中国人 ②中国語
- **choose** 動選ぶ,(~に)決める
- **chose** 動choose(選ぶ)の過去
- **chronological** 形年代順の,年表の
- **chrysanthemum** 名キク(菊)
- **circle** 動回る,囲む
- **citizen** 名①市民,国民 ②住民,民間人
- **city** 名①都市,都会 ②《the-》(全)市民 cut through a city 都会を通り抜ける
- **clad** 形(服を)着た,まとった
- **clan** 名氏族
- **clash** 名戦闘,小競り合い
- **class** 名①学級,組,階級 ②授業 class excursion 修学旅行
- **classical** 形古典の,クラシックの
- **classmate** 名同級生,級友
- **clean** 動掃除する,よごれを落とす
- **clear** 形(よく)晴れた
- **clearly** 副明らかに,はっきりと
- **climate** 名気候,風土,環境
- **climb** 動登る,徐々に上がる
- **close** 形近い closer and closer どんどん近づく 動終える
- **cloth** 名布(地)
- **clothing** 名衣類,衣料品
- **cloud** 名雲
- **cluster** 名(花・実などの)房,(密集した動物の)群れ,一団 in clusters まとめて
- **coastal** 形沿岸の,海岸線に沿った
- **coastline** 名海岸線
- **cold** 形寒い,冷たい
- **collaboration** 名協力,共同研究

EXPLORING KYOTO

- **collection** 名 収集物, コレクション
- **college** 名 (単科)大学, (専門)学部, 各種学校 junior college 短期大学
- **color** 名 色, 色彩
- **column** 名 (円)柱
- **combination** 名 ①結合(状態, 行為), 団結 ②連合, 同盟
- **come** 動 ①来る, 行く, 現れる ② (出来事が)起こる, 生じる ③〜になる comeの過去分詞 come back to 〜へ帰ってくる, 〜に戻る come down 下りて来る, 田舎へ来る
- **coming** 形 今度の, 来たるべき
- **commit** 動 犯す commit suicide 自殺する
- **common** 形 普通の, 平凡な
- **community** 名 団体, 共同社会, 地域社会
- **company** 名 会社
- **compile** 動 (書物を)編集する
- **complete** 動 完成させる
- **complex** 名 複合体, 複合施設
- **concluding** 形 終結の, 結びの
- **conflict** 名 ①不一致, 衝突 ②争い, 対立 ③論争
- **Confucianism** 名 儒教
- **connect** 動 つながる, つなぐ, 関係づける
- **conservative** 形 ①保守的な ②控えめな, 地味な
- **consortium** 名 共同事業体
- **conspicuous** 形 人目を引く, 目立つ
- **construction** 名 構造, 建設, 工事, 建物
- **contain** 動 含む, 入っている
- **context** 名 文脈, 前後関係, コンテクスト
- **continue** 動 続く, 続ける, (中断後)再開する, (ある方向に)移動していく
- **continuous** 形 連続的な, 継続する, 絶え間ない
- **convenient** 形 便利な, 好都合な
- **conveniently** 副 都合よく, 便利に
- **Conveniently-located** 形 便利な場所にある
- **cool** 形 涼しい, 冷えた
- **corner** 名 ①曲がり角, 角 ②すみ, はずれ
- **cost** 名 値段, 費用
- **costume** 名 衣装, 服装
- **could** 助 ①can (〜できる)の過去 ②《控え目な推量・可能性・願望などを表す》
- **countless** 形 無数の, 数え切れない
- **country** 名 ①国 ②《the−》田舎, 郊外 ③地域, 領域, 分野
- **country-side** 名 田舎, 地方の
- **course** 名 ①進路, 方向 ②経過, 成り行き ③科目, 講座 ④策, 方策 of course もちろん, 当然
- **court** 名 ①中庭, コート ②法廷, 裁判所 ③宮廷, 宮殿 Imperial court 宮廷, 朝廷
- **courtyard** 名 中庭
- **cove** 名 入り江
- **cover** 動 覆う, 包む, 隠す
- **crab** 名 カニ
- **craft** 名 技術, 技巧
- **craftsman** 名 職人, 熟練工
- **craftsmen** 名 craftsman (職人)の複数
- **create** 動 創造する, 生み出す, 引き起こす
- **creative** 形 創力のある, 独創的な
- **creativity** 名 創造性, 独創力
- **crop** 名 作物, 収穫

WORD LIST

- □ **crowd** 動 群がる, 混雑する
- □ **cuisine** 名 料理, 料理法
- □ **culminate** 動 最高潮に達する, ついに〜になる
- □ **cultivation** 名 耕作, 栽培, 育成, 養殖
- □ **cultural** 形 文化の, 文化的な cultural capital 文化の中心(地)
- □ **culture** 名 ①文化 ②教養
- □ **cultured** 形 文化のある, 教養のある
- □ **curve** 動 曲がる, 曲げる
- □ **customer** 名 顧客
- □ **customize** 動 特別注文する, カスタマイズする
- □ **cut** 動 ①切る, 刈る ②短縮する, 削る ③cutの過去, 過去分詞 cut through 〜を通り抜ける
- □ **cutting-edge** 形 最先端の
- □ **cycle** 名 自転車

D

- □ **damage** 名 損害, 損傷
- □ **dance** 動 踊る, ダンスをする 名 ダンス, ダンスパーティー
- □ **dark-wood** 形 濃い色の木でできた, ダークウッドの
- □ **date** 名 日付, 年月日
- □ **day** 名 ①日中, 昼間 ②日, 期日 ③《-s》時代, 生涯 every day 毎日 one day (過去の)ある日, (未来の)いつか
- □ **day-trip** 名 日帰り旅行
- □ **daylight** 名 ①日光, 昼の明かり, 昼間 ②夜明け
- □ **daytime** 名 昼間
- □ **death** 名 ①死, 死ぬこと ②《the -》終えん, 消滅
- □ **December** 名 12月

- □ **decide** 動 決定[決意]する, (〜しようと)決める
- □ **decision** 名 決定, 決心
- □ **decorate** 動 飾る
- □ **decorated** 形 装飾された
- □ **decorative** 形 装飾的な, 装飾用の
- □ **dedicate** 動 奉納する
- □ **deep** 形 ①深い, 深さ〜の ②深遠な ③濃い
- □ **deeply** 副 深く, 非常に
- □ **delay** 動 遅らせる, 延期する
- □ **delicious** 形 おいしい, うまい
- □ **departure** 名 ①出発, 発車 ②離脱
- □ **depend** 動《- on [upon] 〜》①〜を頼る, 〜をあてにする ②〜による
- □ **depth** 名 深さ, 奥行き, 深いところ depth and breadth 奥深さと幅広さ
- □ **describe** 動 (言葉で)描写する, 特色を述べる, 説明する
- □ **description** 名 (言葉で)記述(すること), 描写(すること)
- □ **deserve** 動 (〜を)受けるに足る, 値する, (〜して)当然である
- □ **dessert** 名 デザート
- □ **destination** 名 行き先, 目的地
- □ **destroy** 動 破壊する, 絶滅させる, 無効にする
- □ **detached** 形 引き離された, 離れた detached palace 離宮
- □ **develop** 動 ①発達する[させる] ②開発する
- □ **development** 名 ①発達, 発展 ②開発
- □ **dialect** 名 方言, なまり
- □ **did** 動 do (〜をする)の過去 助 doの過去
- □ **diet** 名 ①食べ物, 食事 ②食習慣
- □ **difference** 名 違い, 相違, 差
- □ **different** 形 異なった, 違った, 別の,

115

さまざまな be different from ～と違う
- difficult 形 困難な, むずかしい, 扱いにくい
- dig 動 掘る
- dimension 名 寸法, 大きさ, 次元
- dinnertime 名 夕食の時間
- direct 形 まっすぐな, 直接の, 率直な, 露骨な 副 まっすぐに, 直接に
- direction 名 ①方向, 方角 ②《-s》指示, 説明書 ③指導, 指揮
- directly 副 ①じかに ②まっすぐに ③ちょうど
- disappoint 動 失望させる, がっかりさせる
- discipline 名 規律, しつけ
- discover 動 発見する, 気づく
- disease 名 病気
- dish 名 ①大皿 ②料理
- display 名 展示, 陳列, 表出
- distance 名 距離, 隔たり, 遠方
- distillery 名 蒸留酒製造所
- distinct 形 ①独特な ②はっきりした
- distinction 名 区別, 識別, 特徴
- distinctive 形 独特の, 特色[特徴]のある
- district 名 ①地方, 地域 ②行政区
- divide 動 分かれる, 分ける, 割れる, 割る divide into ～に分かれる
- divine 形 神聖な, 神の
- do 動 ①《ほかの動詞とともに用いて現在形の否定文・疑問文をつくる》 ②《同じ動詞を繰り返す代わりに用いる》 ③《動詞を強調するのに用いる》 動 ～をする
- doll 名 人形
- domestic 形 ①家庭の ②国内の, 自国の, 国産の
- dominance 名 支配
- donate 動 寄付する, 贈与する
- done 動 do (～をする)の過去分詞
- door 名 ①ドア, 戸 ②一軒, 一戸
- double-ninth 名 重陽(節)
- down 副 ①下へ, 降りて, 低くなって ②倒れて come down 下りて来る, 田舎へ来る turn down 拒絶する 前 ～の下方へ, ～を下って
- down-stream 副 下流に, 流れを下って
- down-to-earth 形 現実的な, 実際的な, 堅実な
- downtown 形 商業地区[繁華街]の 名 街の中心, 繁華街
- drama 名 劇, 演劇, ドラマ, 劇的な事件
- dramatic 形 劇的な, 印象的な, 劇の
- draping 形 垂らしてかける
- dress 名 ドレス, 衣服, 正装 動 ①服を着る[着せる] ②飾る
- drink 名 飲み物
- drive 動 車で行く, (車を)運転する
- droplet 名 小滴, 水滴
- drought 名 ひでり, かんばつ
- dry 形 乾燥した
- during 前 ～の間(ずっと)
- dyed 形 染めた

E

- each 形 それぞれの, 各自の 代 それぞれ, 各自 副 それぞれに each other お互いに
- eager 形 ①熱心な ②《be - for ～》～を切望している, 《be - to ～》しきりに～したがっている
- early 形 ①(時間や時期が)早い ②初期の, 幼少の, 若い 副 ①早く, 早めに ②初期に, 初めのころに
- early-morning 形 早朝の
- earthquake 名 地震, 大変動

Word List

- **east** 名《the−》東, 東部, 東方 形 東の, 東方[東部]の
- **East-west** 形東西(間)の
- **eastern** 形①東方の, 東向きの ②東洋の, 東洋風の
- **easy** 形①やさしい, 簡単な ②気楽な, くつろいだ
- **eat** 動食べる, 食事する
- **economical** 形①経済的な ②倹約する, むだ使いしない
- **economy** 名①経済, 財政 ②節約
- **edge** 名①刃 ②端, 縁
- **Edinburgh** 名エディンバラ《地名》
- **eel** 名ウナギ(鰻)
- **eggplant** 名ナス(茄子)
- **either** 形①(2つのうち)どちらかの ②どちらでも 代どちらも, どちらでも 副①どちらか ②《否定文で》〜もまた(…ない) 接《− 〜 or …》〜かまたは…か
- **elegant** 形上品な, 優雅な
- **elevation** 名①高める[高められる]こと, 昇進 ②標高
- **elite** 名エリート, えり抜き
- **emperor** 名皇帝, 天皇
- **emphasize** 動①強調する ②重視する
- **enclose** 動①同封する, 入れる ②取り囲む
- **end** 名①終わり, 終末, 死 ②果て, 末, 端 ③目的 at the end of 〜の終わりに
- **energy** 名①力, 勢い ②元気, 精力, エネルギー
- **English** 名①英語 ②《the−》英国人 形①英語の ②英国(人)の
- **enhance** 動向上させる, 価値を高める
- **enjoy** 動楽しむ, 享受する enjoy doing 〜するのが好きだ, 〜するのを楽しむ
- **enjoyable** 形楽しめる, 愉快な
- **enjoyment** 名楽しむこと, 喜び
- **enough** 形十分な, (〜するに)足る
- **enshrine** 動(神聖なものとして)祭る
- **entail** 動(必然的に)伴う, 含む, 必要とする
- **enter** 動①入る, 入会[入学]する[させる] ②記入する ③(考えなどが)(心・頭に)浮かぶ
- **entertainment** 名①楽しみ, 娯楽 ②もてなし, 歓待
- **entire** 形全体の, 完全な, まったくの
- **entrepreneurial** 形起業家精神にあふれた
- **era** 名時代, 年代
- **escape** 動逃げる, 免れる
- **esoteric** 形秘伝的な esoteric Buddhism 密教
- **especially** 副特別に, とりわけ
- **establish** 動確立する, 立証する, 設置[設立]する
- **established** 形設置[設立, 創設]された
- **estimate** 動①見積もる ②評価する
- **eve** 名前日, 前夜 New Year's Eve 大みそか
- **even** 副①《強意》〜でさえも, 〜ですら, いっそう, なおさら ②平等に even though 〜であるけれども, 〜にもかかわらず
- **evening** 名夕方, 晩
- **event** 名出来事, 事件, イベント
- **every** 形①どの〜も, すべての, あらゆる ②毎〜, 〜ごとの every day 毎日
- **everything** 代すべてのこと[もの], 何でも, 何もかも
- **evil** 形①邪悪な ②有害な, 不吉な

EXPLORING KYOTO

- 名 ①邪悪 ②害, わざわい, 不幸
- **evolve** 動 進化する[させる], 発展する[させる]
- **example** 名 例, 見本, 模範 for example たとえば
- **exceptional** 形 例外的な, 特別に優れた
- **excursion** 名 小旅行, 遠足 class excursion 修学旅行
- **exit** 名 出口, 退去
- **expect** 動 予期[予測]する, (当然のこととして)期待する
- **expensive** 形 高価な, ぜいたくな
- **expensively** 副 多額の費用をかけて
- **experience** 名 経験, 体験 動 経験[体験]する
- **experiment** 動 実験する, 試みる
- **explain** 動 説明する, 明らかにする, 釈明[弁明]する
- **exploration** 名 探検, 実地調査
- **explore** 動 探検[調査]する, 切り開く
- **express** 形 急行の 名 急行列車
- **expressway** 名 高速道路
- **exquisite** 形 この上なくすばらしい, 非常に美しい, 気品のある

F

- **face** 名 ①顔, 顔つき ②外観, 外見 ③(時計の)文字盤, (建物の)正面 動 直面する, 立ち向かう
- **fact** 名 事実, 真相 in fact つまり, 実は, 要するに
- **faction** 名 党派, 派閥
- **factor** 名 要因, 要素, 因子
- **faculty** 名 ①(大学の)学部 ②能力 ③(身体・精神の)機能
- **fair** 名 市, 市場

- **faith** 名 ①信念, 信仰 ②信頼, 信用
- **fall** 名 落下, 墜落
- **family** 名 家族, 家庭, 一門, 家柄
- **famous** 形 有名な, 名高い be famous for 〜で有名である
- **famously** 副 すてきに, りっぱに
- **FAQ** 略 frequently asked questions《問い合わせの多い質問》
- **far** 副 ①遠くに, はるかに, 離れて ②《比較級を強めて》ずっと, はるかに 形 遠い, 向こうの far away 遠く離れて far from 〜から遠い, 〜どころか
- **farmer** 名 農民, 農場経営者
- **farming** 名 農業, 農作業
- **farmland** 名 農地
- **farther** 副 もっと遠く, さらに先に 形 もっと向こうの, さらに進んだ
- **fashionable** 形 ①流行の ②上流社会の
- **fatigue** 名 疲労, 疲れ
- **favorite** 形 お気に入りの, ひいきの
- **February** 名 2月
- **feel** 動 感じる, (〜と)思う 名 感じ, 気配, 雰囲気 get a feel for 〜を感じ取る, 〜の気分を味わう
- **feet** 名 ①foot (足)の複数
- **fertile** 形 肥沃な fertile ground 肥沃な土地
- **festival** 名 祭り, 祝日, 〜祭
- **festive** 形 ①祝祭の ②陽気な, 祭り気分の
- **few** 形 ①ほとんどない, 少数の(〜しかない) ②《a-》少数の, 少しはある 代 少数の人[物]
- **field** 名 ①野原, 田畑, 広がり ②(研究)分野
- **fight** 動 (〜と)戦う, 争う
- **figure** 名 数字
- **filter** 動 濾過する

Word List

- **finally** 副 最後に, ついに, 結局
- **find** 動 ①見つける ②(〜と)わかる, 気づく, 〜と考える ③得る **find one's way back** 元の場所にたどり着く
- **fire** 名 火, 炎, 火事
- **first** 形 ①第一の, 最初の ②最も重要な 副 第一に, 最初に
- **fish** 名 魚
- **fishing** 名 釣り, 魚業 形 釣りの, 漁業の
- **five** 名 5(の数字), 5人[個] 形 5の, 5人[個]の
- **flat** 形 平らな
- **float** 動 ①浮く, 浮かぶ ②漂流する 名 山車
- **flock** 動 集まる, 群がる
- **floor** 名 床, 階
- **flow** 動 流れ出る, 流れる, あふれる
- **flower** 名 ①花, 草花 ②満開 動 花が咲く
- **flower arranging** 華道
- **flowering** 名 開花, 全盛
- **flute** 名 フルート《楽器》
- **fly** 動 飛ぶ, 飛ばす
- **focus** 名 ①焦点, ピント ②関心の的, 着眼点 ③中心 動 ①焦点を合わせる ②(関心・注意を)集中させる
- **folk-art** 形 民芸(の)
- **folk-artist** 名 民俗芸術家
- **folk-potter** 名 民芸陶芸家
- **follow** 動 ①ついていく, あとをたどる ②(〜の)結果として起こる ③(忠告などに)従う
- **follower** 名 信奉者, 追随者
- **following** 名 《the –》下記のもの, 以下に述べるもの
- **food** 名 食物, えさ, 肥料
- **foot** 名 足, 足取り **on foot** 歩いて
- **foothill** 名 山麓の丘
- **footwear** 名 履き物
- **for** 前 ①《目的・原因・対象》〜にとって, 〜のために[の], 〜に対して ②《期間》〜間 ③《代理》〜の代わりに ④《方向》〜へ(向かって) **for example** たとえば **for instance** たとえば **for 〜 years** 〜年間, 〜年にわたって 接 というわけは〜, なぜなら〜, だから
- **force** 名 軍勢
- **foreign** 形 外国の, よその, 異質な
- **forest** 名 森林
- **forested** 形 森林に覆われた
- **form** 名 形, 形式
- **formal** 形 正式の, 公式の, 形式的な, 格式ばった
- **formally** 副 ①正式に, 公式に ②形式的に ③儀式ばって, 堅苦しく
- **fortune** 名 ①富, 財産 ②幸運, 繁栄, チャンス ③運命, 運勢
- **found** 動 ①find(見つける)の過去, 過去分詞 ②〜の基礎を築く, 〜を設立する
- **founder** 名 創立者, 設立者
- **four** 名 4(の数字), 4人[個] 形 4の, 4人[個]の
- **France** 名 フランス《国名》
- **free** 形 無料の 副 無料で
- **frequently** 副 頻繁に, しばしば
- **fresh** 形 ①新鮮な, 生気のある ②さわやかな, 清純な ③新規の
- **friend** 名 友だち, 仲間
- **friendly** 形 親しみのある, 親切な, 友情のこもった
- **from** 前 ①《出身・出発点・時間・順序・原料》〜から ②《原因・理由》〜がもとで
- **front** 名 〜に面する
- **full** 形 ①満ちた, いっぱいの, 満期の ②完全の, 盛りの, 充実した 名 全部
- **fully** 副 十分に, 完全に, まるまる

- **fun** 形 楽しい, ゆかいな
- **function** 名 機能, 作用
- **furnace** 名 炉, かまど
- **furniture** 名 家具, 備品, 調度
- **further** 形 いっそう遠い, その上の, なおいっそうの 副 いっそう遠く, その上に, もっと 動 促進する

G

- **garden** 名 庭, 庭園
- **gardening** 名 園芸, 庭いじり
- **garment** 名 衣服,《-s》衣料
- **gate** 名 ①門, 扉, 入り口 ②(空港・駅などの)ゲート
- **gateway** 名 出入り口, 道
- **gather** 動 ①集まる, 集める ②生じる, 増す ③推測する
- **gem** 名 宝石, 宝玉, すばらしいもの
- **generally** 副 ①一般に, だいたい ②たいてい
- **generation-to-generation** 代々
- **genius** 名 天才, 才能
- **genre** 名 ①ジャンル, 分野, 形式, 類型 ②風俗画
- **gentle** 形 ①優しい, 温和な ②柔らかな
- **geography** 名 地理, 地理学
- **get** 動 ①得る, 手に入れる ②(ある状態に)なる, いたる ③わかる, 理解する ④〜させる, 〜を(…の状態)にする ⑤(ある場所に)達する, 着く **get a feel for** 〜を感じ取る, 〜の気分を味わう **get around** 動き回る, 歩き回る **get away** 逃げる, 逃亡する, 離れる **get off** (〜から)降りる **get on** (電車などに)乗る **get out of** 〜から外へ出る [抜け出る] **get there** そこに到着する **get to** 〜に達する [到着する] **get to do** 〜できる機会を得る
- **giant** 形 巨大な, 偉大な
- **gilded** 形 金箔を貼った, 金ピカの
- **give** 動 ①与える, 贈る ②伝える, 述べる ③(〜を)する
- **glad** 形 ①うれしい, 喜ばしい ②《be - to 〜》〜してうれしい, 喜んで〜する
- **glaze** 名 釉薬
- **glimpse** 動 ちらりと見る
- **global** 形 地球(上)の, 地球規模の, 世界的な, 国際的な
- **globally-recognized** 形 世界的に認識される
- **gluten** 名 グルテン
- **go** 動 ①行く, 出かける ②動く ③進む, 経過する, いたる ④(ある状態に)なる **be going to** 〜するつもりである **go by** (そばを)通り過ぎる **go out** 外出する, 外へ出る **go up** 〜に上がる, 登る **go with** 〜と一緒に行く
- **god** 名 神
- **golden** 形 ①金色の ②金製の ③貴重な
- **golden-colored** 形 金色の
- **good** 形 ①よい, 上手な, 優れた, 美しい ②(数量・程度が)かなりの, 相当な 名 ①善, 徳, 益, 幸福 ②《-s》財産, 品, 物質
- **goods** 名 ①商品, 品物 ②財産, 所有物
- **gourmet** 名 グルメ, 美食家 形 グルメな, グルメ向きの
- **government** 名 政治, 政府, 支配
- **graduate** 名 卒業生
- **grand** 形 雄大な, 壮麗な
- **great** 形 ①大きい, 広大な, (量や程度が)たいへんな ②偉大な, 優れた ③すばらしい, おもしろい
- **green** 形 緑色の, 青々とした
- **green tea-flavored** 抹茶味の
- **grid** 名 格子, グリッド, 網状のもの

Word List

- **ground** 名 地面, 土, 土地
- **group** 名 集団, 群
- **grove** 名 木立, 林
- **grow** 動 ①成長する, 育つ, 育てる ②増大する, 大きくなる, (次第に〜に)なる
- **grown** 動 grow (成長する) の過去分詞 形 成長した, 成人した
- **guard** 動 番をする, 監視する, 守る
- **guest** 名 客, ゲスト
- **guidance** 名 案内, 手引き, 指導
- **guide** 名 案内人
- **guided** 形 ガイド付きの
- **gurgling** 形 ゴボゴボという音がする

H

- **had** 動 have (持つ) の過去, 過去分詞 助 haveの過去《過去完了の文をつくる》
- **hail** 動 (タクシーなどを) 呼び止める **hail a cab** タクシーを拾う
- **hair** 名 髪, 毛
- **half** 形 半分の
- **hall** 名 公会堂, ホール, 大広間, 玄関
- **hand** 名 手 動 手渡す
- **handicraft** 名 手工芸 (品), 手先の器用さ
- **handmade** 形 手作りの, 手製の
- **hang** 動 かかる, かける, つるす, ぶら下がる
- **hard** 形 ①堅い ②激しい, むずかしい ③熱心な, 勤勉な ④無情な, 耐えがたい, 厳しい, きつい **be hard to** 〜し難い 副 ①一生懸命に ②激しく ③堅く
- **harp** 名 ハープ《楽器》
- **has** 動 have (持つ) の3人称単数現在 助 haveの3人称単数現在《現在完了の文をつくる》
- **have** 動 ①持つ, 持っている, 抱く ②(〜が) ある, いる ③食べる, 飲む ④経験する, (病気に) かかる ⑤催す, 開く ⑥(人に) 〜させる **have to** 〜しなければならない 助 《have + 過去分詞》の形で現在完了の文をつくる》〜した, 〜したことがある, ずっと〜している
- **he** 代 彼は [が]
- **head** 名 ①頭 ②先頭 ③長, 指導者 **head of** 〜の長
- **headquarters** 名 本部
- **health** 名 健康 (状態), 衛生, 保健
- **healthy** 形 健康な, 健全な, 健康によい
- **hear** 動 聞く, 聞こえる
- **heart** 名 ①心臓, 胸 ②心, 感情, ハート ③中心, 本質
- **hearth** 名 ①炉床 ②炉ばた, 家庭
- **heat** 名 熱, 暑さ
- **heaven** 名 ①天国 ②天国のようなところ [状態], 楽園
- **heavily** 副 ①重く, 重そうに, ひどく ②多量に
- **heavy** 形 重い, 激しい, つらい
- **held** 動 hold (つかむ) の過去, 過去分詞
- **help** 動 ①助ける, 手伝う ②給仕する
- **hemp** 名 麻 (繊維)
- **her** 代 ①彼女を [に] ②彼女の
- **herb** 名 薬草, 香草, ハーブ
- **here** 副 ①ここに [で] ②《- is [are] 〜》ここに〜がある ③さあ, そら
- **herein** 副 ここに, この中に
- **heritage** 名 遺産, 相続財産
- **hero** 名 英雄, ヒーロー
- **hidden** 形 隠れた, 秘密の
- **high** 形 ①高い ②気高い, 高価な 副 ①高く ②ぜいたくに
- **high school** 高校

121

- **high-end** 形 最高級の, ハイエンドの
- **high-quality** 形 高品質の
- **highland** 名 高地, 高原
- **highly** 副 ①大いに, 非常に ②高度に, 高位に ③高く評価して, 高価で
- **highway** 名 幹線道路, ハイウェー, 本道
- **hike** 動 ハイキングする
- **hiking** 名 ハイキング
- **hill** 名 丘, 塚
- **hillside** 名 丘の中腹[斜面]
- **hire** 動 雇う, 賃借りする
- **his** 代 ①彼の ②彼のもの
- **historic** 形 歴史上有名[重要]な, 歴史的な
- **historical** 形 歴史の, 歴史上の, 史実に基づく
- **historically** 副 歴史的に
- **history** 名 歴史, 経歴
- **hold** 動 ①つかむ, 持つ, 抱く ②保つ, 持ちこたえる ③収納できる, 入れることができる ④(会などを)開く
- **hollyhock** 名 タチアオイ《植物》
- **home** 名 家, 家庭
- **honor** 名 ①名誉, 光栄, 信用 ②節操, 自尊心 動 尊敬する, 栄誉を与える
- **hope** 名 希望, 期待, 見込み 動 望む, (〜であるようにと)思う
- **horse** 名 馬
- **hot** 形 ①暑い, 熱い ②できたての, 新しい ③からい, 強烈な, 熱中した
- **hotel** 名 ホテル, 旅館
- **hour** 名 1時間, 時間
- **hour-long** 形 一時間続く
- **house** 名 ①家, 家庭 ②(特定の目的のための)建物, 小屋
- **household** 名 家族, 世帯 形 家族の
- **how** 副 ①どうやって, どれくらい, どんなふうに ②なんて(〜だろう) ③《関係副詞》〜する方法 How about 〜？〜はどうですか。〜しませんか。 how to 〜する方法
- **however** 副 たとえ〜でも 接 けれども, だが
- **humid** 形 湿った, むしむしする
- **humidity** 名 湿度, 湿気
- **humorous** 形 こっけいな, ユーモアのある
- **hundred** 名 ①100(の数字), 100人[個] ②《-s》何百, 多数 hundreds of 何百もの〜 形 ①100の, 100人[個]の ②多数の
- **hurry** 名 急ぐこと, 急ぐ必要 in a hurry 急いで, あわてて

I

- **I** 代 私は[が]
- **ice-cold** 形 (氷のように)冷たい
- **if** 接 もし〜ならば, たとえ〜でも, 〜かどうか as if あたかも〜のように, まるで〜みたいに
- **imagine** 動 想像する, 心に思い描く
- **imperial** 形 皇帝の, 皇后の
- **Imperial court** 宮廷, 朝廷
- **Imperial Household Agency** 宮内庁
- **Imperial Palace–Kyoto** 京都御所
- **Imperial Villa** 離宮
- **import** 動 輸入する
- **important** 形 重要な, 大切な, 有力な
- **impressive** 形 印象的な, 深い感銘を与える
- **in** 前 ①《場所・位置・所属》〜に[で・の] ②《時》〜(の時)に[の・

で], ～後(に), ～の間(に) ③《方法・手段》～で ④～を身につけて, ～を着て ⑤～に関して, ～について ⑥《状態》～の状態で **in a hurry** 急いで, あわてて **in a way** ある意味では **in addition** 加えて, さらに **in advance** 前もって, あらかじめ **in charge of** ～を任されて, ～を担当して, ～を預かって **in fact** つまり, 実は, 要するに **in order to** ～するために, ～しようと **in particular** 特に, とりわけ **in the shape of** ～の形をした 副中へ[に], 内へ[に]
- **in-fighting** 名内紛
- **include** 動含む, 勘定に入れる
- **including** 前～を含めて, 込みで
- **influence** 名影響, 勢力 動影響をおよぼす
- **influential** 形影響力の大きい, 有力な
- **information** 名①情報, 通知, 知識 ②案内(所), 受付(係)
- **ingredient** 名成分, 原料, 材料
- **inland** ①内陸の, 奥地の ②国内の, 内地の
- **inn** 名宿屋, 居酒屋
- **inner** 形①内部の ②心の中の
- **innovation** 名①革新, 刷新 ②新しいもの, 新考案
- **inside** 名内部, 内側 形内部[内側]にある 副内部[内側]に 前～の内部[内側]に
- **instance** 名①例 ②場合, 事実 **for instance** たとえば
- **instead** 副その代わりに
- **interest** 名①興味, 関心 ②利害(関係), 利益 ③利子, 利息 動興味を起こさせる
- **interested** 形興味を持った, 関心のある **be interested in** ～に興味[関心]がある
- **international** 形国際(間)の
- **intersect** 動交差する
- **intersection** 名交差点
- **into** 前①《動作・運動の方向》～の中へ[に] ②《変化》～に[へ]
- **introduce** 動紹介する, 採り入れる, 導入する
- **introduction** 名紹介, 導入
- **invite** 動①招待する, 招く ②勧める, 誘う ③～をもたらす
- **is** 動be(～である)の3人称単数現在
- **island** 名島
- **isolated** 形隔離した, 孤立した
- **it** 代①それは[が], それを[に] ②《天候・日時・距離・寒暖などを示す》
- **its** 代それの, あれの
- **itself** 代それ自体, それ自身

J

- **January** 名1月
- **Japan** 名日本《国名》
- **Japanese** 形日本(人・語)の 名①日本人 ②日本語
- **jet** 名噴射, 噴出物
- **July** 名7月
- **June** 名6月
- **junior** 名年少者, 年下の者 **junior college** 短期大学
- **just** 副①まさに, ちょうど, (～した)ばかり ②ほんの, 単に, ただ～だけ ③ちょっと

K

- **kill** 動殺す
- **kiln** 名窯
- **kilometer** 名キロメートル《長さの単位》
- **kind** 名種類 **kind of** ～のようなも

の[人]
- **kitchen** 名台所, 調理場
- **km** 名キロメートル《単位》
- **know** 動 ①知っている, 知る, (〜が)わかる, 理解している ②知り合いである
- **known** 動 know(知っている)の過去分詞 形知られた be known as 〜として知られている
- **Korea** 名朝鮮, 韓国《国名》
- **Korean** 形韓国(人・語)の, 朝鮮(人・語)の 名 ①韓国[朝鮮]人 ②韓国[朝鮮]語

L

- **lady** 名婦人, 夫人, 淑女, 奥さん
- **laid** 動 lay(置く)の過去, 過去分詞
- **lake** 名湖, 湖水, 池
- **land** 名 ①陸地, 土地 ②国, 領域
- **landscape** 名 ①景色, 風景 ②見晴らし ③風景画
- **lantern** 名手提げランプ, ランタン
- **large** 形 ①大きい, 広い ②大勢の, 多量の
- **largely** 副大いに, 主として
- **last** 形 ①《the -》最後の ②この前, 先〜 ③最新の 副 ①最後に ②この前 動続く, 持ちこたえる
- **late** 形 ①遅い, 後期の ②最近の ③《the -》故〜 副 ①遅れて, 遅く ②最近まで, 以前
- **later** 形もっと遅い, もっと後の 副後で, 後ほど
- **lateral** 形横の, 横に向かった
- **lattice** 名格子
- **lavish** 形気前のよい, 贅沢な
- **law** 名 ①法, 法律 ②弁護士業, 訴訟
- **lay** 動 ①置く, 横たえる, 敷く ②整える ③卵を産む ④lie(横たわる)の過去 lay out きちんと並べる, 陳列する
- **lay-believer** 名平信徒
- **lead** 動導く, 案内する
- **leadership** 名指揮, リーダーシップ
- **leaf** 名葉
- **lean** 動 ①もたれる, 寄りかかる ②傾く, 傾ける lean over 〜にかがみ込む
- **learn** 動学ぶ, 習う, 教わる, 知識[経験]を得る
- **least** 名最小, 最少 at least 少なくとも
- **leaves** 名 leaf(葉)の複数 autumn leaves 紅葉
- **lecture** 名講義, 公演
- **legacy** 名遺産, 遺贈品
- **lens** 名レンズ
- **less** 形〜より小さい[少ない] 副〜より少なく, 〜ほどでなく
- **let** 動(人に〜)させる, (〜するのを)許す, (〜をある状態に)する
- **life** 名 ①生命, 生物 ②一生, 生涯, 人生 ③生活, 暮らし, 世の中
- **life-long** 形一生の, 生涯にわたる
- **lifestyle** 名生活様式, ライフスタイル
- **light** 名光, 明かり
- **lighting** 名照明, 点火, 点灯
- **like** 動好む, 好きである would like to 〜したいと思う 形〜に似ている, 〜のような look like 〜のように見える, 〜に似ている 形似ている, 〜のような 接あたかも〜のように
- **likely** 副たぶん, おそらく
- **limited** 形限られた, 限定の
- **limousine** 名リムジン《大型の乗用車》
- **line** 名 ①線, 糸, 電話線 ②(字の)行 ③列, (電車の)〜線 動 ①線を引く ②整列する be lined with 〜が

Word List

立ち並ぶ
- **lineage** 名血筋, 種族, 系統
- **link** 動連結する, つながる
- **list** 名名簿, 目録, 一覧表 動名簿［目録］に記入する
- **lit** 動 light (火をつける) の過去, 過去分詞
- **little** 形 ①小さい ②少しの, 短い ③ほとんど〜ない, 《a–》少しはある 副全然〜ない, 《a–》少しはある
- **live** 動住む, 暮らす, 生きている live and breathe 〜に力を注いでいる
- **lives** 名 life (生命) の複数
- **living** 動 live (住む) の現在分詞 形①生きている, 現存の ②使用されている ③そっくりの
- **local** 形地方の, ある場所［土地］の, 部分的な
- **locally** 副ある特定の場所［地方］で, 現地的に
- **locate** 動置く, 居住する［させる］
- **location** 名位置, 場所
- **logic** 名論理(学), 理屈
- **long** 形 ①長い, 長期の ②《長さ・距離・時間などを示す語句を伴って》〜の長さ［距離・時間］の 副長い間, ずっと
- **longevity** 名長命, 長生き, 寿命
- **look** 動 ①見る ②(〜に) 見える, (〜の) 顔つきをする ③注意する ④《間投詞のように》ほら, ねえ look like 〜のように見える, 〜に似ている 名①一見, 目つき ②外観, 外見, 様子 take a look at 〜をちょっと見る
- **lot** 名 ①くじ, 運 ②地所, 区画 ③たくさん, たいへん, 《a – of 〜 / -s of 〜》たくさんの〜 ④やつ, 連中
- **luck** 名運, 幸運, めぐり合わせ
- **lucky** 形幸運な, 運のよい, 縁起のよい
- **lunch** 名昼食, ランチ, 軽食
- **lunchtime** 名ランチタイム

M

- **made** 動 make (作る) の過去, 過去分詞 be made up of 〜で構成されている 形作った, 作られた
- **magical** 形 ①魔法の力による ②魅惑的な
- **maiden** 形 ①未婚の ②初めての, 処女の
- **main** 形主な, 主要な
- **mainly** 副主に
- **major** 形大きいほうの, 主な, 一流の
- **make** 動 ①作る, 得る ②行う, (〜に) なる ③(〜を…に) する, (〜を…) させる make a trip 旅をする, 旅行する make the most of 〜を最大限利用する make up 〜を構成［形成］する
- **maker** 名作る人, メーカー
- **management** 名 ①経営, 取り扱い ②運営, 管理(側)
- **manner** 名 ①方法, やり方 ②態度, 様子 ③《-s》行儀, 作法, 生活様式
- **many** 形多数の, たくさんの so many 非常に多くの 代多数(の人・物)
- **map** 名地図
- **maple** 名カエデ (楓)《植物》
- **marathon** 名マラソン
- **March** 名3月
- **mark** 動 ①印［記号］をつける ②採点する ③目立たせる
- **market** 名市場, マーケット
- **martial art** 名武道, 武術, マーシャル・アーツ
- **marvelous** 形驚くべき, 驚嘆すべき, すばらしい
- **massive** 形 ①巨大な, 大量の ②

125

EXPLORING KYOTO

堂々とした
- **mat** 名マット, 敷物
- **material** 名材料, 原料
- **may** 助①〜かもしれない ②〜してもよい, 〜できる 名《M-》5月
- **maybe** 副たぶん, おそらく
- **me** 代私を[に]
- **meal** 名食事
- **mean** 動意味する
- **meaning** 名意味, 趣旨
- **meat** 名肉
- **medicinal** 形薬効のある, 医薬の
- **meditation** 名瞑想, 黙想
- **member** 名一員, メンバー
- **memorable** 形記憶すべき, 忘れられない
- **memorial** 名記念物, 記録 形記念の, 追悼の
- **memorial house** 記念館
- **mention** 動(〜について)述べる, 言及する
- **menu** 名メニュー, 献立表
- **merchant** 名商人, 貿易商
- **meter** 名メートル《長さの単位》
- **metropolis** 名首都, 大都市, メトロポリス
- **mid-August** 8月中旬
- **mid-May** 5月中旬
- **mid-summer** 名真夏
- **mid-to-late** 形半ばから後半の
- **middle** 名中間, 最中 middle school 中学校
- **might** 《mayの過去》①〜かもしれない ②〜してもよい, 〜できる
- **military-dominated** 形軍部支配の
- **million** 名①100万 ②《-s》数百万, 多数 形①100万の ②多数の
- **mind** 名①心, 精神, 考え ②知性 動①気にする, いやがる ②気をつける, 用心する
- **minute** 名(時間の)分
- **miss** 動①失敗する, 免れる, 〜を見逃す, (目標を)はずす
- **mist** 名霧, もや
- **mixture** 名①混合 ②入り混じったもの
- **moderate** 形穏やかな, 適度な, 手ごろな
- **modern** 形現代[近代]の, 現代的な, 最近の
- **modest** 形控えめな, 謙虚な
- **modesty** 名謙遜, 謙虚さ, つつましさ, しとやかさ
- **monastery** 名修道院, 僧院
- **monk** 名修道僧
- **month** 名月, 1カ月
- **monthly** 形月1回の, 毎月の
- **moon-viewing** 名形月見(の)
- **more** 形①もっと多くの ②それ以上の, 余分の 副もっと, さらに多く, いっそう more of いっそうの more than 〜以上 名もっと多くの物[人]
- **morning** 名朝, 午前
- **moss** 名コケ《植物》
- **most** 形①最も多い ②たいていの, 大部分の 代①大部分, ほとんど ②最多数, 最大限 make the most of 〜を最大限利用する 副最も(多く)
- **mostly** 副主として, 多くは, ほとんど
- **mountain** 名①山 ②《the 〜 M-s》〜山脈 ③山のようなもの, 多量 mountain pass 山道
- **move** 動①動く, 動かす ②感動させる ③引っ越す, 移動する move away ①立ち去る ②移す, 動かす move to 〜に引っ越す 名①動き, 運動 ②転居, 移動
- **movement** 名①動き, 運動 ②《-s》行動 ③引っ越し ④変動
- **movie** 名映画, 映画館

Word List

- **Mr.** 名《男性に対して》~さん, ~氏, ~先生
- **Mt.** 略山
- **much** 形(量・程度が)多くの, 多量の 副①とても, たいへん ②《比較級・最上級を修飾して》ずっと, はるかに 名多量, たくさん, 重要なもの
- **mulberry** 名桑《植物》
- **multi-course** 名形複数コース(の)
- **museum** 名博物館, 美術館
- **music** 名音楽, 楽曲
- **musical** 形音楽の
- **must** 助①~しなければならない ②~に違いない
- **must-see** 形必見のもの
- **my** 代私の
- **myself** 代私自身
- **mystical** 形神秘的な

N

- **name** 名①名前 ②名声 ③《-s》悪口 動①名前をつける ②名指しする
- **narrow** 形①狭い ②限られた
- **nation** 名国, 国家,《the –》国民
- **national** 形国家[国民]の, 全国の
- **nationwide** 副全国的に, 全国では
- **natural** 形①自然の, 天然の ②生まれつきの, 天性の ③当然な
- **navi** 名navigationの縮約形
- **near** 前~の近くに, ~のそばに 形近い, 親しい
- **nearby** 形近くの, 間近の 副近くで, 間近で
- **need** 動(~を)必要とする, 必要である 助~する必要がある 名①必要(性),《-s》必要なもの ②まさかの時
- **neighborhood** 名近所(の人々), 付近
- **nestle** 動~を心地良く落ち着かせる
- **new** 形①新しい, 新規の ②新鮮な, できたての
- **New Year's Eve** 大みそか
- **New Zealand** 名ニュージーランド《国名》
- **newly** 副再び, 最近, 新たに
- **next** 形①次の, 翌~ ②隣の next to ~のとなりに, ~の次に
- **night** 名夜, 晩
- **Nobel Prize** ノーベル賞
- **Noh** 名能楽
- **non-vegetarian** 名非菜食主義者
- **noodle** 名麺類, ヌードル
- **normally** 副普通は, 通常は
- **north** 名《the –》北, 北部 形北の, 北からの 副北へ[に], 北から
- **north-east** 名北東, 北東部 形北東の, 北東部の 副北東に[へ]
- **north-eastern** 形北東の, 北東部の
- **north-south** 形南北方向の
- **north-west** 名北西(部) 形北西の, 北西向きの 副北西へ, 北西から
- **northeast** 名北東, 北東部 形北東の, 北東部の 副北東に[へ]
- **northern** 形北の, 北向きの, 北からの
- **northwestern** 形北西の, 北西からの
- **not** 副~でない, ~しない not only ~ but … ~だけでなく…もまた
- **notable** 形注目に値する, 著名な, 重要な
- **note** 動①書き留める ②注意[注目]する
- **noted** 形有名な, 著名な

- **notice** 動 ①気づく, 認める ②通告する
- **November** 名 11月
- **now** 副 ①今(では), 現在 ②今すぐに ③では, さて
- **number** 名 ①数, 数字, 番号 ②〜号, 〜番 ③《-s》多数 **a number of** いくつかの〜, 多くの〜
- **numerous** 形 多数の
- **nurture** 動 養育する, 育てる

O

- **occasion** 名 ①場合, (特定の)時 ②機会, 好機 ③理由, 根拠
- **occur** 動 起こる
- **October** 名 10月
- **of** 前 ①《所有・所属・部分》〜の, 〜に属する ②《性質・特徴・材料》〜の, 〜製の ③《部分》〜のうち ④《分離・除去》〜から
- **off** 副 ①離れて ②はずれて ③止まって ④休んで 前 〜を離れて, 〜をはずれて, (値段が)〜引きの
- **offer** 動 申し出る, 申し込む, 提供する
- **offering** 名 (神への)ささげ物, 奉納の品
- **office** 名 ①会社, 事務所, 職場, 役所, 局 ②官職, 地位, 役
- **official** 形 ①公式の, 正式の ②職務上の, 公の
- **often** 副 しばしば, たびたび
- **old** 形 ①年取った, 老いた ②〜歳の ③古い, 昔の
- **olden** 形 昔の
- **on** 前 ①《場所・接触》〜(の上)に ②《日・時》〜に, 〜と同時に, 〜のすぐ後で ③《関係・従事》〜に関して, 〜について, 〜して **on foot** 歩いて **on one's way to** 〜に行く途中で 副 ①身につけて, 上に ②前へ, 続けて **put on** ①〜を身につける, 着る ②〜を…の上に置く **try on** 試着してみる
- **on-line** 名形 オンライン(の), ネットワーク上の(の)
- **one** 名 1(の数字), 1人[個] **one out of ten** 10のうち1 形 ①1の, 1人[個]の ②ある〜 ③《the-》唯一の **one day** (過去の)ある日, (未来の)いつか **one side** 片側 代 ①(一般の)人, ある物 ②一方, 片方 ③〜なもの
- **one-car** 名 1両(編成)《列車》
- **oneself** 熟 **by oneself** 一人で, 自分だけで, 独力で
- **only** 形 唯一の 副 ①単に, 〜にすぎない, ただ〜だけ ②やっと **not only 〜 but …** 〜だけでなく…もまた 接 ただし, だがしかし
- **onward** 副 前方へ, 進んで
- **open** 形 ①開いた, 広々とした ②公開された 動 ①開く, 始まる ②広がる, 広げる ③打ち明ける
- **open-air** 形 野外の, 戸外の
- **operate** 動 ①(機械などが)動く, 運転する, 管理する, 操業する ②作用する ③手術する
- **opportunity** 名 好機, 適当な時期[状況]
- **opposite** 名 反対の人[物]
- **option** 名 選択(の余地), 選択可能物, 選択権
- **or** 接 ①〜か…, または ②さもないと ③すなわち, 言い換えると
- **orange** 名 オレンジ 形 オレンジ色の
- **order** 名 ①順序 ②整理, 整頓 ③命令, 注文(品) **in order to** 〜するために, 〜しようと
- **ordinary** 形 ①普通の, 通常の ②並の, 平凡な
- **organic** 形 有機農法の, 化学肥料を用いない

Word List

- **organize** 動組織する
- **origin** 名起源, 出自
- **original** 形①始めの, 元の, 本来の ②独創的な
- **originally** 副①元は, 元来 ②独創的に
- **originate** 動始まる, 始める, 起こす, 生じる
- **other** 形①ほかの, 異なった ②(2つのうち)もう一方の, (3つ以上のうちの)残りの 代①ほかの人[物] ②《the -》残りの1つ **each other** お互いに 副そうでなく, 別に
- **our** 代私たちの
- **out** 副①外へ[に], 不在で, 離れて ②世に出て ③消えて ④すっかり **go out** 外出する, 外へ出る **get out of** ~から外へ[抜け出る] **lay out** きちんと並べる, 陳列する **one out of ten** 10のうち1 **out of** (ある数)の中から **spread out** 広げる, 展開する **take out** 取り出す, 取り removed 形①外の, 遠く離れた ②公表された **be out** 外出している 前~から外へ[に]
- **outdoor** 形戸外の
- **outdoors** 副戸外で 名《the -》戸外, 野外
- **outer** 形外の, 外側の
- **outside** 名外部, 外側
- **over** 前①~の上の[に], ~を一面に覆って ②~を越えて, ~以上に, ~よりまさって ③~の向こう側の[に] ④~の間 **all over** ~中で, 全体に亘って **lean over** ~にかがみ込む 副上に, 一面に, ずっと 形①上部の, 上位の, 過多の ②終わって, すんで
- **overlook** 動①見落とす, (チャンスなどを)逃す ②見渡す ③大目に見る
- **overnight** 副一晩中, 夜通し 形①夜通しの ②一泊の
- **overseas** 形海外の, 外国の 名国外
- **overthrown** 動overthrow(転覆する)の過去分詞
- **overview** 名概観, 大要, あらまし
- **own** 形自身の

P

- **pace** 名歩調, 速度 動ゆっくり歩く, 行ったり来たりする
- **pagoda** 名仏塔
- **painting** 名①絵(をかくこと), 絵画, 油絵 ②ペンキ塗装
- **pair** 名(2つから成る)一対, 一組, ペア
- **palace** 名宮殿, 大邸宅
- **paper** 名紙
- **paper-making** 名製紙
- **parade** 名パレード, 行列
- **paradise** 名①天国 ②地上の楽園
- **park** 名公園, 広場
- **part** 名①部分, 割合 ②役目 **take part in** ~に参加する
- **participant** 名参加者, 出場者, 関与者
- **particular** 形①特別の ②詳細な 名事項, 細部, 《-s》詳細 **in particular** 特に, とりわけ
- **particularly** 副特に, とりわけ
- **pass** 動①過ぎる, 通る ②(年月が)たつ ③(試験に)合格する ④手渡す **pass away** 死ぬ 名道, 通路 **mountain pass** 山道
- **passage** 名①通過, 通行, 通路 ②一節, 経過
- **passport** 名パスポート, (通行)許可証
- **past** 形過去の, この前の 前《時間・場所》~を過ぎて, ~を越して 副通り越して, 過ぎて
- **path** 名①(踏まれてできた)小道, 歩道 ②進路, 通路

129

Exploring Kyoto

- **patio** 名中庭, テラス
- **patron** 名後援者, パトロン
- **pattern** 動模様をつける
- **pavilion** 名①大型テント, 展示館, パビリオン ②別棟, 分館
- **peaceful** 形平和な, 穏やかな
- **peak** 名頂点, 最高点
- **pearl-diver** 名真珠貝採りの潜水作業員
- **peninsula** 名半島
- **people** 名(一般に)人々
- **per** 前～につき, ～ごとに
- **perform** 動①(任務などを)行う, 果たす, 実行する ②演じる, 演奏する
- **performance** 名①実行, 行為 ②成績, できばえ, 業績 ③演劇, 演奏, 見世物
- **performing art** 芸能
- **perhaps** 副たぶん, ことによると
- **period** 名①期, 期間, 時代 ②ピリオド, 終わり
- **permission** 名許可, 免許
- **permit** 動許可する
- **philosopher** 名哲学者, 賢者
- **philosophy** 名哲学, 主義, 信条, 人生観 Philosopher's Walk 哲学の道
- **Phoenix Hall** 鳳凰堂
- **pickle** 名《-s》漬物, ピクルス
- **picnic** 名ピクニック
- **picturesque** 形絵のような
- **piece** 名①一片, 部分 ②1個, 1本 ③作品
- **pilgrim** 名①巡礼者, 旅人 ②最初の移住者
- **pillar** 名①柱, 支柱, 支え ②根幹
- **pin** 名ピン, 細い留め具
- **pine** 名マツ(松), マツ材
- **place** 名①場所, 建物 ②余地, 空間 ③《one's -》家, 部屋 be put in place ～が導入される take place 行われる, 起こる
- **plague** 名①疫病, 伝染病, ペスト ②天災
- **plain** 形①明白な, はっきりした ②簡素な ③平らな ④不細工な, 平凡な
- **plan** 名計画, 設計(図), 案 動計画する plan to do ～するつもりである
- **plate** 名金属板, 標札, プレート tectonic plate 構造プレート《地学》
- **pleasant** 形①(物事が)楽しい, 心地よい ②快活な, 愛想のよい
- **please** 間どうぞ, お願いします
- **plum** 名セイヨウスモモ, プラム
- **plus** 前～を加えて
- **poetry** 名詩
- **point** 名①先, 先端 ②点 ③地点, 時点, 箇所 ④《the -》要点
- **political** 形①政治の, 政党の ②策略的な political reform 政治改革
- **pond** 名池
- **popular** 形①人気のある, 流行の ②一般的な, 一般向きの be popular with ～に人気がある
- **population** 名人口, 住民(数)
- **port** 名港, 港町, 空港
- **possible** 形①可能な ②ありうる, 起こりうる
- **potter** 名陶器職人
- **pottery** 名陶器
- **pound** 動どんどんたたく, 打ち砕く
- **power** 名力, 能力, 才能, 勢力, 権力
- **power-struggle** 名権力闘争, 勢力争い
- **pray** 動祈る, 懇願する pray for ～のために祈る
- **pre-date** 動～より前から存在す

Word List

- **pre-historic** 形 先史時代の, 有史以前の
- **prefectural** 形 県の, 県立の
- **prefecture** 名 県, 府
- **prefer** 動 (〜のほうを)好む, (〜のほうが)よいと思う
- **preparation** 名 ①準備, したく ②心構え
- **prepare** 動 ①準備[用意]をする ②覚悟する[させる]
- **present-day** 形 今日の, 現代の
- **presentation** 名 ①提出, 提示 ②実演, プレゼンテーション
- **preserve** 動 保存[保護]する, 保つ
- **pretty** 形 ①かわいい, きれいな ②相当な
- **price** 名 ①値段, 代価 ②《-s》物価, 相場
- **pride** 名 誇り, 自慢, 自尊心
- **private** 形 ①私的な, 個人の ②民間の, 私立の ③内密の, 人里離れた
- **prize** 名 ①賞, 賞品, 賞金 ②戦利品, 捕獲物 Nobel Prize ノーベル賞
- **pro-** 頭 〜賛成の, 〜ひいきの
- **process** 名 ①過程, 経過, 進行 ②手順, 方法, 製法, 加工
- **procession** 名 行進, 行列
- **produce** 動 生産する, 製造する
- **product** 名 製品, 産物
- **professional** 形 専門の, プロの, 職業的な
- **professionalism** 名 プロ根性, 専門家気質[技術]
- **promote** 動 促進する, 昇進[昇級]させる
- **property** 名 ①財産, 所有物[地] ②性質, 属性
- **protect** 動 保護する, 防ぐ
- **proud** 形 ①自慢の, 誇った, 自尊心のある ②高慢な, 尊大な be proud of 〜を自慢に思う
- **provide** 動 ①供給する, 用意する, (〜に)備える ②規定する
- **public** 名 一般の人々, 大衆
- **pull** 動 ①引く, 引っ張る ②引きつける
- **pulp** 名 パルプ《紙の原料》
- **puppet** 名 操り人形, 指人形, 手先
- **pure** 形 ①純粋な, 混じりけのない ②罪のない, 清い
- **purification** 名 浄化, 精製
- **purify** 動 浄化する, 清める
- **purpose** 名 目的, 意図, 決意
- **put** 動 ①置く, のせる ②入れる, つける ③(ある状態に)する ④putの過去, 過去分詞 be put in place 〜が導入される put on ①〜を身につける, 着る ②〜を…の上に置く

Q

- **quadrant** 名 4分円《円の4分の1》
- **quaint** 形 風変わりな, 珍しい
- **quality** 名 ①質, 性質, 品質 ②特性 ③良質
- **question** 名 質問, 疑問, 問題
- **quickly** 副 敏速に, 急いで
- **quiet** 形 ①静かな, 穏やかな, じっとした ②おとなしい, 無口な, 目立たない
- **quietly** 副 ①静かに ②平穏に, 控えめに
- **quite** 副 ①まったく, すっかり, 完全に ②かなり, ずいぶん ③ほとんど
- **quote** 動 引用する

R

- **rail** 名 ①横木, 手すり ②レール, 鉄

道
- **railway** 名鉄道
- **rainfall** 名降雨, 降雨量
- **rainy** 形雨降りの, 雨の多い
- **raise** 動〜を育てる
- **range** 名列, 連なり, 範囲 動①並ぶ, 並べる ②およぶ
- **rapid** 形速い, 急な, すばやい
- **rare** 形①まれな, 珍しい, 逸品の ②希薄な ③(肉が)生焼けの, レアの
- **reach** 動①着く, 到着する, 届く ②手を伸ばして取る
- **ready** 形用意[準備]ができた, まさに〜しようとする, 今にも〜せんばかりの **be ready to** すぐに[いつでも]〜できる, 〜する構えで
- **real** 形実際の, 実在する, 本物の
- **realize** 動理解する, 実現する
- **reason** 名①理由 ②理性, 道理
- **reasonable** 形筋の通った, 分別のある
- **rebellion** 名反乱, 謀反
- **rebuilt** 動 rebuild (再建する) の過去, 過去分詞
- **recent** 形近ごろの, 近代の
- **recognition** 名承認, 表彰, お礼
- **recognize** 動認める, 認識[承認]する
- **recommend** 動①推薦する ②勧告する, 忠告する
- **red** 形赤い 名赤, 赤色
- **red-colored** 形赤色の
- **refer** 動①《 – to 〜》〜に言及する, 〜と呼ぶ ②〜を指す, 〜を参照する, 〜に問い合わせる
- **refined** 形精製された, 上品な, 洗練された **refined beauty** 洗練された美
- **reflect** 動映る, 反響する, 反射する
- **reform** 名改善, 改良

- **refreshing** 形気持ちのいい, 元気づける, 気分をさわやかにする
- **region** 名①地方, 地域 ②範囲
- **regular** 形①規則的な, 秩序のある ②定期的な, 一定の, 習慣的
- **regularly** 副整然と, 規則的に
- **relate** 動①関連がある, かかわる, うまく折り合う ②物語る
- **related** 形①関係のある, 関連した ②姻戚の
- **relax** 動①くつろがせる ②ゆるめる, 緩和する
- **relaxing** 形くつろがせる
- **religious** 形①宗教の ②信心深い
- **remain** 動①残っている, 残る ②(〜の)ままである[いる] 名《-s》①残り(もの) ②遺跡
- **remarkable** 形①異常な, 例外的な ②注目に値する, すばらしい
- **remember** 動思い出す, 覚えている, 忘れないでいる
- **rent** 動賃借りする
- **represent** 動①表現する ②意味する ③代表する
- **request** 名願い, 要求(物), 需要 動求める, 申し込む
- **research** 名調査, 研究
- **resident** 名居住者, 在住者
- **resonate** 動共鳴[反響]する
- **respect** 名①尊敬, 尊重 ②注意, 考慮
- **rest** 動①休む, 眠る ②休止する, 静止する ③(〜に)基づいている ④(〜の)ままである
- **restaurant** 名レストラン, 料理店, 食堂
- **restful** 形落ち着いた, 静かな
- **restoration** 名①回復, 復活, 修復 ②《the R-》王政復古
- **return** 形①帰りの, 往復の ②お返しの **return trip** 帰り道

- **rice** 名米, 飯
- **rice-wine** 名日本酒; 清酒
- **rich** 形①富んだ, 金持ちの ②豊かな, 濃い, 深い
- **richness** 名豊富であること, 金持ちであること
- **ride** 動乗る, 乗って行く, 馬に乗る
- **rigorous** 形①厳格な ②正確な, 綿密な
- **rinse** 動ゆすぐ, すすぐ
- **rise** 動①昇る, 上がる ②生じる
- **risk** 名危険
- **rite** 名（宗教的な）儀式
- **ritual** 名①儀式 ②行事 ③慣例
- **river** 名川
- **riverbank** 名川岸
- **riverside** 名川辺 形川辺の
- **road** 名①道路, 道, 通り ②手段, 方法
- **rock** 名①岩, 岩壁, 岩石 ②揺れること, 動揺
- **rock-garden** 名岩石庭園
- **role** 名①（劇などの）役 ②役割, 任務
- **roll** 動①転がる, 転がす ②（波などが）うねる, 横揺れする ③（時が）たつ
- **roof** 名屋根（のようなもの）
- **room** 名①部屋 ②空間, 余地
- **root** 名①根, 根元 ②根源, 原因 ③《-s》先祖, ルーツ
- **ropeway** 名ロープウェー
- **rule** 名①規則, ルール ②支配
- **ruler** 名①支配者 ②定規
- **ruling** 形支配的な, 優勢な **ruling elite** 支配層エリート
- **run** 動①走る ②運行する ③（川が）流れる ④経営する **run through** 流れ抜ける
- **rural** 形田舎の, 地方の
- **rush** 動突進する, せき立てる
- **Russia** 名ロシア《国名》

S

- **sacred** 形神聖な, 厳粛な **sacred place** 聖地
- **said** 動 say（言う）の過去, 過去分詞
- **sake** 名（〜の）ため, 利益, 目的
- **same** 形①同じ, 同様の ②前述の
- **sand** 名①砂 ②《-s》砂漠, 砂浜
- **sand-bar** 名（河口などの）砂州
- **sash** 名帯, 飾り帯
- **Saturday** 名土曜日
- **saw** 動① see（見る）の過去
- **saying** 名ことわざ, 格言, 発言
- **scatter** 動①ばらまく, 分散する ②《be -ed》散在する
- **scene** 名①光景, 風景 ②（劇の）場, 一幕 ③（事件の）現場
- **scenery** 名風景, 景色
- **schedule** 名予定, スケジュール 動予定を立てる
- **school** 名学校
- **school-bus** 名スクールバス
- **scientific** 形科学の, 科学的な
- **screen** 名仕切り, 幕, スクリーン
- **sculptor** 名彫刻家
- **sculpture** 名①彫刻 ②彫刻作品
- **sea** 名海,《the 〜 S-, the S- of 〜》〜海
- **sea-coast** 名海岸, 沿岸
- **seafood** 名海産物
- **seaside** 名海辺, 海岸, 浜
- **season** 名季, 季節
- **seasonal** 形季節の
- **secluded** 形人里離れた
- **second** 形第2の, 2番の 副第2に

- **second-largest** 形 2番に大きい
- **sect** 名 派閥, 学派, 宗派
- **section** 名 ①断片 ②区分, 区域 ③部門, 課
- **see** 動 ①見る, 見える, 見物する ②(〜と)わかる, 認識する, 経験する ③会う ④考える, 確かめる, 調べる ⑤気をつける **see for yourself** 自分で確かめる **see 〜 as** … 〜を…と考える
- **seem** 動 (〜に)見える, (〜のように)思われる **seem to be** 〜であるように思われる
- **seen** 動 see (見る)の過去分詞
- **self-discipline** 名 自制(力), 自己鍛錬
- **sell** 動 売る, 売っている, 売れる
- **sense** 名 ①感覚, 感じ ②《-s》意識, 正気, 本性 ③常識, 分別, センス ④意味
- **September** 名 9月
- **serve** 動 (客の)応対をする, 給仕する, 食事[飲み物]を出す
- **service** 名 ①(列車・バスなどの)便, 運行, 運転 ②(ホテル・レストラン・店などの)サービス
- **session** 名 ①授業(期間) ②会期, 開会 ③講座, 集まり
- **set** 動 ①置く, 当てる, つける ②整える, 設定する ③(太陽・月などが)沈む ④(〜を…の状態に)する, させる ⑤setの過去, 過去分詞 名 ①一そろい, セット ②受信機 ③(テニスなどの)セット ④舞台装置, セット
- **setting** 名 設定, 周囲の環境
- **seventeen** 名 17(の数字), 17人[個] 形 17の, 17人[個]の
- **several** 形 ①いくつかの ②めいめいの
- **shape** 名 ①形, 姿, 型 ②状態, 調子 **in the shape of** 〜の形をした
- **share** 動 分配する, 共有する
- **shearwater** 名 ミズナギドリ《鳥》 **streaked shearwater** オオミズナギドリ
- **Shinto** 名 神道
- **ship** 名 船
- **shogunate** 名 幕府
- **shoot** 名 芽, 若芽
- **shop** 名 店, 小売り店
- **shop-keeper** 名 小売店主
- **short** 形 ①短い ②背の低い
- **should** 〜すべきである, 〜したほうがよい
- **show** 動 ①見せる, 示す, 見える ②明らかにする, 教える ③案内する **show off** 見せびらかす, 目立とうとする 名 ①表示, 見世物, ショー ②外見, 様子
- **shrine** 名 廟, 聖堂, 神社
- **side** 名 側, 横, そば, 斜面 **one side** 片側
- **sight** 名 ①見ること, 視力, 視界 ②光景, 眺め ③見解
- **sight-seeing** 名 観光
- **sign** 名 ①きざし, 徴候 ②跡 ③記号 ④身振り, 合図, 看板
- **signboard** 名 掲示板, 看板
- **significance** 名 重要(性), 意味, 深刻さ
- **silk** 名 絹(布), 生糸 形 絹の, 絹製の
- **silk-dyeing** 名 絹染め **Yuzen-styled silk-dyeing** 友禅染め
- **silver** 名 銀, 銀貨, 銀色 形 銀製の
- **similarly** 副 同様に, 類似して, 同じように
- **simple** 形 ①単純な, 簡単な, 質素な ②単一の, 単独の ③普通の, ただの
- **simplicity** 名 単純, 質素
- **simply** 副 ①簡単に ②単に, ただ ③まったく, 完全に

Word List

- **since** 接 ①〜以来 ②〜だから 前 〜以来 副 それ以来
- **sing** 動 ①(歌を)歌う ②さえずる
- **sister** 名 ①姉妹, 姉, 妹 ②修道女
- **sit** 動 ①座る, 腰掛ける ②止まる ③位置する
- **site** 名 位置, 敷地, 用地
- **sitting** 名 座ること
- **situate** 動 (ある場所に)置く, 位置づける
- **skin** 名 皮膚, 皮, 革(製品)
- **sliding door** 引き戸, 障子
- **slope** 名 坂, 斜面, 傾斜
- **small** 形 小さい, 少ない
- **snowfall** 名 降雪(量)
- **so** 副 ①とても ②同様に, 〜もまた ③《先行する句・節の代用》そのように, そう so many 非常に多くの so that 〜するために, それで, 〜できるように 接 ①だから, それで ②では, さて
- **soak** 動 ①浸す, 浸る, ずぶぬれになる[する], しみ込ませる, しみ込む ②(浴びるように)酒を飲む
- **society** 名 社会, 世間
- **some** 形 ①いくつかの, 多少の ②ある, 誰か, 何か 副 約, およそ 代 ①いくつか ②ある人[物]たち
- **sometimes** 副 時々, 時たま
- **song** 名 歌, 詩歌, 鳴き声
- **soon** 副 まもなく, すぐに, すみやかに
- **sought** 動 seek(捜し求める)の過去, 過去分詞
- **soul** 名 ①魂 ②精神, 心
- **soup** 名 スープ
- **source** 名 源, 原因, もと
- **south** 名 《the−》南, 南方, 南部 形 南の, 南方[南部]の
- **south-east** 名 南東(部) 形 南東の, 南東向きの 副 南東へ, 南東から
- **south-west** 名 形 南西(の)
- **southern** 形 南の, 南向きの, 南からの
- **souvenir** 名 おみやげ
- **space** 名 ①空間, 宇宙 ②すき間, 余地, 場所, 間
- **spacious** 形 広々とした, 広大な
- **speak** 動 話す, 言う, 演説する
- **special** 形 ①特別の, 特殊の, 臨時の ②専門の
- **specialize** 動 専門にする, 専攻する, 特別にする
- **specialty** 名 専門, 専攻, 本職, 得意
- **specific** 形 明確な, はっきりした, 具体的な
- **spend** 動 ①(金などを)使う, 消費[浪費]する ②(時を)過ごす
- **spirit** 名 ①霊 ②精神, 気力
- **spot** 名 地点, 場所, 立場
- **spread** 動 広がる, 広げる, 伸びる, 伸ばす spread out 広げる, 展開する
- **spring** 名 ①春 ②泉, 源
- **spring-water** 名 わき水
- **square** 名 2乗, 平方 形 平方の
- **stage** 名 舞台
- **stair** 名 ①(階段の)1段 ②《-s》階段, はしご
- **stand** 動 ①立つ, 立たせる, 立っている, ある ②耐える, 立ち向かう
- **staple** 名 (ある国・地方の)主要産物
- **start** 動 ①出発する, 始まる, 始める ②生じる, 生じさせる 名 出発, 開始
- **state** 名 国家, (アメリカなどの)州
- **station** 名 駅
- **statistics** 名 統計(学), 統計資料
- **statue** 名 像
- **stay** 動 ①とどまる, 泊まる, 滞在

する ②持続する, (〜の)ままでいる **stay in** (場所)に泊まる, 滞在する 名滞在

- **steep** 形険しい, 法外な
- **stick** 名棒, 杖
- **still** 副①まだ, 今でも ②それでも(なお)
- **stop** 動①やめる, やめさせる, 止める, 止まる ②立ち止まる 名①停止 ②停留所, 駅
- **story** 名(建物の)階
- **straight** 形①一直線の, まっすぐな, 直立[垂直]の ②率直な, 整然とした
- **straw** 名麦わら, ストロー
- **streaked shearwater** オオミズナギドリ《鳥》
- **stream** 名小川, 流れ
- **street** 名①街路 ②〜通り
- **streetcar** 名市街電車
- **strengthen** 動強くする, しっかりさせる
- **strict** 形厳しい, 厳密な
- **stringed** 形弦のある
- **stroll** 動ぶらぶら歩く, 散歩する
- **strong** 形強い, 堅固な
- **structure** 名構造, 骨組み, 仕組み
- **struggle** 名闘争
- **student** 名学生, 生徒
- **studio** 名スタジオ, 仕事場
- **study** 名勉強, 研究
- **stunning** 形すてきな, 魅力的な, すばらしい
- **stunt** 名離れわざ, スタント
- **style** 名やり方, 流儀, 様式, スタイル
- **sub-temple** 名院, 支院, 脇寺
- **subdued** 形抑制された, 控えめな
- **subway** 名地下鉄, 地下道
- **successful** 形成功した, うまくいった
- **such** 形①そのような, このような ②そんなに, とても, 非常に **such a** そのような **such as** たとえば〜, 〜のような **such 〜 as** ……のような〜
- **suggest** 動①提案する ②示唆する
- **suicide** 名自殺 **commit suicide** 自殺する
- **summarize** 動要約する
- **summary** 名まとめ, 要約
- **summer** 名夏
- **Sunday** 名日曜日
- **support** 動支える, 支持する
- **sure** 形確かな, 確実な,《be – to 〜》必ず[きっと]〜する, 確信して
- **surround** 動囲む, 包囲する
- **surrounding** 形囲む, 周囲の
- **survive** 動①生き残る, 存続する, なんとかなる ②長生きする, 切り抜ける
- **surviving** 形生き残っている, 残存している
- **sutra** 名経, 経典
- **sweet** 名《-s》甘い菓子
- **swordfight** 名殺陣, 剣戟
- **symbol** 名シンボル, 象徴
- **system** 名制度, 系統, 体系, 秩序だった方法, 順序

T

- **table** 名テーブル, 食卓
- **take** 動①取る, 持つ ②持って[連れて]いく, 捕らえる ③乗る ④(時間・労力を)費やす, 必要とする ⑤(ある動作を)する ⑥飲む ⑦耐える, 受け入れる **take a look at** 〜をちょっと見る **take out** 取り出す, 取り外す **take part in** 〜に参加する **take place** 行われる, 起こる **take**

Word List

someone away (人)を連れ出す
take ～ to …～を…に連れて行く

- [ ] **taken** 動 take(取る)の過去分詞
- [ ] **talk** 名 話, おしゃべり
- [ ] **taught** 動 teach(教える)の過去, 過去分詞
- [ ] **taxi** 名 タクシー
- [ ] **tea** 名 ①茶, 紅茶 ②お茶の会, 午後のお茶 tea cultivation 茶の栽培
- [ ] **tea-growing area** 茶所
- [ ] **teaching** 名 ①教えること, 教授, 授業 ②《-s》教え, 教訓
- [ ] **teahouse** 名 茶室, 喫茶店
- [ ] **technique** 名 テクニック, 技術, 手法
- [ ] **technology** 名 テクノロジー, 科学技術
- [ ] **tectonic** 形 地質構造の, 地殻変動の tectonic plate 構造プレート《地学》
- [ ] **tell** 動 ①話す, 言う, 語る ②教える, 知らせる, 伝える ③わかる, 見分ける
- [ ] **temperature** 名 温度, 体温
- [ ] **temple** 名 ①寺, 神殿 ②こめかみ
- [ ] **temple-based** 形 寺(料理)をベースにした
- [ ] **tempt** 動 誘う, 誘惑する, 導く, 心を引きつける
- [ ] **ten** 名 10(の数字), 10人[個] one out of ten 10のうち1 形 10の, 10人[個]の
- [ ] **term** 名 ①期間, 期限 ②語, 用語 ③《-s》条件 ④《-s》関係, 仲
- [ ] **terminus** 名 終端, 終点《ラテン語》
- [ ] **terrace** 名 台地, テラス, バルコニー
- [ ] **terrain** 名 地形, 地勢
- [ ] **textile** 名 布地, 織物, 繊維製品 形 織物の
- [ ] **than** 接 ～よりも, ～以上に more than ～以上

- [ ] **that** 形 その, あの 代 ①それ, あれ, その[あの]人[物] ②《関係代名詞》～である… 接 ～ということ, ～なので, ～だから so that ～するために, それで, ～できるように 副 そんなに, それほど
- [ ] **the** 冠 ①その, あの ②《形容詞の前で》～な人々 副 《－＋比較級, －＋比較級》～すればするほど…
- [ ] **theater** 名 劇場
- [ ] **theatrical** 形 ①劇の, 劇場の ②芝居じみた, わざとらしい
- [ ] **their** 代 彼(女)らの, それらの
- [ ] **them** 代 彼(女)らを[に], それらを[に]
- [ ] **theme** 名 主題, テーマ, 作文
- [ ] **themselves** 代 彼(女)ら自身, それら自身
- [ ] **then** 副 その時(に・は), それから, 次に 名 その時 形 その当時の
- [ ] **there** 副 ①そこに[で・の], そこへ, あそこへ ②《－is[are]～》～がある[いる] get there そこに到着する 名 そこ
- [ ] **these** 代 これら, これ 形 これらの, この
- [ ] **they** 代 ①彼(女)らは[が], それらは[が] ②(一般の)人々は[が]
- [ ] **thickness** 名 厚さ, 太さ, 濃さ
- [ ] **thing** 名 ①物, 事 ②《-s》事情, 事柄 ③《one's -s》持ち物, 身の回り品 ④人, やつ
- [ ] **think** 動 思う, 考える think of ～のことを考える, ～を思いつく, 考え出す
- [ ] **third** 名 第3(の人[物]) 形 第3の, 3番の
- [ ] **this** 形 ①この, こちらの, これを ②今の, 現在の 代 ①これ, この人[物] ②今, ここ
- [ ] **those** 形 それらの, あれらの 代 それら[あれら]の人[物] those who ～する人々

- □ **though** 接 ①〜にもかかわらず, 〜だが ②たとえ〜でも **even though** 〜であるけれども, 〜にもかかわらず 副 しかし
- □ **thought** 動 think (思う) の過去, 過去分詞 名 考え, 意見
- □ **thousand** 名 ①1000 (の数字), 1000人 [個] ②《-s》何千, 多数 **thousands of** 何千という 形 ①1000の, 1000人 [個] の ②多数の
- □ **three** 名 3 (の数字), 3人 [個] 形 3の, 3人 [個] の
- □ **thrive** 動 よく育つ, 繁栄する
- □ **through** 前 〜を通して, 〜を中を [に], 〜中 **cut through** 〜を通り抜ける **run through** 流れ抜ける 副 ①通して ②終わりまで, まったく, すっかり
- □ **throughout** 前 ①〜中, 〜を通じて ②〜のいたるところに 副 初めから終わりまで, ずっと
- □ **throw** 動 投げる, 浴びせる, ひっかける **throw off** 〜から投身自殺をする
- □ **tile** 名 タイル, 瓦
- □ **time** 名 ①時, 時間, 歳月 ②時期 ③期間 ④時代 ⑤回, 倍 **at the time** そのころ, 当時は **at times** 時には
- □ **time-slot** 名 時間帯, 時間枠
- □ **timeless** 形 永久の, 時間に左右されない
- □ **tired** 形 ①疲れた, くたびれた ②あきた, うんざりした
- □ **to** 前 ①《方向・変化》〜へ, 〜に, 〜の方へ ②《程度・時間》〜まで ③《適合・付加・所属》〜に ④《-+動詞の原形》〜するために [の], 〜する, 〜すること
- □ **to-and-from** 往復する
- □ **today** 名 今日 副 今日 (で) は
- □ **together** 副 ①一緒に, ともに ②同時に
- □ **Tokyo** 名 東京《地名》
- □ **told** 動 tell (話す) の過去, 過去分詞
- □ **toll** 名 通行料金, 使用料
- □ **tomb** 名 墓穴, 墓石, 納骨堂
- □ **ton** 名 ①トン《重量・容積単位》②《-s》たくさん
- □ **too** 副 ①〜も (また) ②あまりに〜すぎる, とても〜
- □ **took** 動 take (取る) の過去
- □ **top** 名 頂上, 首位
- □ **torchlight** 名 たいまつの明かり
- □ **total** 形 総計の, 全体の, 完全な
- □ **tour** 名 ツアー, 見て回ること, 視察
- □ **tourism** 名 ①観光旅行, 観光業 ②《集合的》観光客
- □ **tourist** 名 旅行者, 観光客
- □ **towards** 前 ①《運動の方向・位置》〜の方へ, 〜に向かって ②《目的》〜のために
- □ **towering** 形 そびえ立つ, 高くそびえる
- □ **town** 名 町, 都会, 都市
- □ **townhouse** 名 都市住宅, テラスハウス.
- □ **trace** 名 ①跡 ②(事件などの) こん跡
- □ **tradition** 名 伝統, 伝説, しきたり
- □ **traditional** 形 伝統的な
- □ **traffic** 名 通行, 往来, 交通 (量)
- □ **trail** 名 (通った) 跡
- □ **train** 名 ①列車, 電車 ②(〜の) 列, 連続 動 訓練する, 仕立てる
- □ **training** 名 ①トレーニング, 訓練 ②コンディション, 体調
- □ **tram** 名 路面 [市街] 電車
- □ **transfer** 動 ①移動する ②移す
- □ **transform** 動 ①変形 [変化] する, 変える ②変換する
- □ **transformation** 名 変化, 変換, 変容
- □ **transportation** 名 交通 (機関),

Word List

輸送手段

- **travel** 動 ①旅行する ②進む, 移動する[させる], 伝わる
- **traveler** 名 旅行者
- **tray** 名 盆, 盛り皿
- **treasure** 名 財宝, 貴重品, 宝物
- **treasure-house** 名 宝物庫
- **treat** 動 扱う
- **tree** 名 木, 樹木
- **trekking** 名 トレッキング
- **tried** 動 try (試みる) の過去, 過去分詞
- **trip** 名 (短い) 旅行, 遠征, 遠足, 出張 **make a trip** 旅をする, 旅行する **return trip** 帰り道
- **truly** 副 ①全く, 本当に, 真に ②心から, 誠実に
- **try** 動 ①やってみる, 試みる ②努力する, 努める **try on** 試着してみる
- **turn** 動 ①ひっくり返す, 回転する[させる], 曲がる, 曲げる, 向かう, 向ける ②(~に) なる, (~に) 変える **turn down** 拒絶する **turn into** ~に変わる
- **TV** 名 テレビ
- **twice** 副 2倍, 2度, 2回
- **two** 名 2 (の数字), 2人[個] 形 2の, 2人[個] の
- **two-car** 名 2両 (編成)《列車》
- **type** 名 型, タイプ, 様式

U

- **ultra-fine** 形 超微細な, 極細の
- **under** 前 ①《位置》~の下 [に] ②《状態》~で, ~を受けて, ~のもと ③《数量》~以下 [未満] の, ~より下の
- **understand** 動 理解する, わかる, ~を聞いて知っている
- **UNESCO** 略 国際連合教育科学文化機関, ユネスコ
- **UNESCO-designated** 形 ユネスコに登録されている
- **unify** 動 一つにする, 統一する
- **unique** 形 唯一の, ユニークな, 独自の
- **university** 名 (総合) 大学
- **unlike** 前 ~と違って
- **until** 前 ~まで (ずっと) 接 ~の時まで, ~するまで
- **unwind** 動 ①ほどける ②くつろぐ
- **up** 副 ①上へ, 上がって, 北へ ②立って, 近づいて ③向上して, 増して **up to** ~まで, ~に至るまで, ~に匹敵して 前 ①~の上 (の方) へ, 高い方へ ②(道) に沿って
- **upper** 形 上の, 上位の, 北方の
- **urban** 形 都会の, 都市の
- **us** 代 私たちを [に]
- **use** 動 ①使う, 用いる ②費やす 名 使用, 用途
- **used** 動 ①use (使う) の過去, 過去分詞 ②《-to》よく~したものだ, 以前は~であった
- **usher** 動 案内係を務める
- **usually** 副 普通, いつも (は)

V

- **valley** 名 谷, 谷間
- **valuable** 形 貴重な, 価値のある, 役に立つ
- **value** 名 価値, 値打ち, 価格
- **variety** 名 ①変化, 多様性, 寄せ集め ②種類
- **various** 形 変化に富んだ, さまざまの, たくさんの
- **vary** 動 変わる, 変える, 変更する, 異なる
- **vase** 名 花瓶, 壺

Exploring Kyoto

- **vegetable** 名野菜, 青物
- **vegetable-friendly** 形野菜にやさしい (野菜料理の充実した)
- **vegetarian** 名菜食主義者, ベジタリアン 形菜食主義の
- **veranda** 名ベランダ
- **vertically** 副垂直に
- **very** 副とても, 非常に, まったく
- **vibrant** 形響き渡る, 活気のある, (色が) 鮮やかな
- **vie** 動競う, 競争する, 張り合う
- **view** 名①眺め, 景色, 見晴らし ②考え方, 意見
- **viewing** 名鑑賞
- **villa** 名邸宅, 別荘
- **village** 名村, 村落
- **visit** 動訪問する 名訪問
- **visitor** 名訪問客
- **visual** 形視覚の, 視力の, 目に見える
- **vocational** 形職業上の
- **volcano** 名火山, 噴火口

W

- **waft** 動漂う, 浮動する
- **walk** 動歩く, 歩かせる, 散歩する walk about 歩き回る walk to ~まで歩いて行く walk up 歩いて上る 名歩くこと, 散歩
- **walking** 動walk (歩く) の現在分詞 名歩行, 歩くこと 形徒歩の, 歩行用の
- **wall** 名壁, 塀
- **want** 動ほしい, 望む, ~したい, ~してほしい
- **war** 名戦争 (状態), 闘争, 不和
- **ward** 動~を避ける ward off 防ぐ
- **warlord** 名戦国武将
- **warm** 形暖かい, 温暖な
- **warrior** 名戦士, 軍人
- **was** 動《beの第1・第3人称単数現在am, isの過去》~であった, (~に) いた [あった]
- **wash** 動①洗う, 洗濯する ②押し流す [される]
- **washi-maker** 名和紙職人
- **watch** 動①じっと見る, 見物する ②注意 [用心] する, 監視する
- **water** 名①水 ②(川・湖・海などの) 多量の水
- **way** 名①道, 通り道 ②方向, 距離 ③方法, 手段 ④習慣 all the way to はるばる~まで, ~までずっと by the way ところで, ついでに, 途中で find one's way back 元の場所にたどり着く in a way ある意味では on one's way to ~に行く途中で one's way to (~への) 途中で way to ~する方法
- **we** 代私たちは [が]
- **wear** 動着る, 着ている, 身につける 名衣類
- **weather** 名天気, 天候, 空模様
- **weave** 動織る, 編む
- **web-page** 名ウェブページ
- **website** 名ウェブサイト
- **week** 名週, 1週間
- **Weeping Cherry** しだれ桜
- **weigh** 動①(重さを) はかる ②重さが~ある ③圧迫する, 重荷である
- **welcome** 間ようこそ 形歓迎される
- **well** 副①うまく, 上手に ②十分に, よく, かなり as well なお, その上, 同様に as well as ~と同様に
- **well-known** 形よく知られた, 有名な
- **well-preserved** 形保存のよい
- **well-visited** 形多くの観光客が訪れる
- **went** 動go (行く) の過去

Word List

- **were** 動《beの2人称単数・複数の過去》~であった, (~に) いた [あった]
- **west** 名《the -》西, 西部, 西方,《the W-》西洋 形西の, 西方 [西部] の, 西向きの 副西へ, 西方へ
- **west-east** 形東西 (間) の
- **western** 形①西の, 西側の ②《W-》西洋の 名《W-》西部劇, ウェスタン
- **what** 代①何が [を・に] ②《関係代名詞》~するところのもの [こと] 形①何の, どんな ②なんと ③~するだけの 副いかに, どれほど
- **wheat** 名小麦
- **wheel** 名輪, 車輪, ろくろ (台)
- **when** 副①いつ ②《関係副詞》~するところの, ~するとその時, ~するとき 接~の時, ~するとき 代いつ
- **where** 副①どこに [で] ②《関係副詞》~するところの, そしてそこで, ~するところ 接~なところに [へ], ~するところに [へ] 代①どこ, どの点 ②~するところ
- **whether** 接~かどうか, ~かまたは…, ~であろうとなかろうと
- **which** 形①どちらの, どの, どれでも ②どんな~でも, そしてこの 代①どちら, どれ, どの人 [物] ②《関係代名詞》~するところの of which ~の中で
- **while** 接①~の間 (に), ~する間 (に) ②一方, ~なのに 名しばらくの間, 一定の時
- **who** 代①誰が [は], どの人 ②《関係代名詞》~するところの (人) those who ~する人々
- **whole** 形全体の, すべての, 完全な, 満~, 丸~ 名《the -》全体, 全部
- **why** 副①なぜ, どうして ②《関係副詞》~するところの (理由)
- **wife** 名妻, 夫人
- **wig** 名かつら
- **will** 助~だろう, ~しよう, する (つもりだ)
- **willow** 名ヤナギ (柳)
- **wind** 名①風 ②うねり, 一巻き 動巻く, からみつく, うねる
- **window** 名窓, 窓ガラス
- **winner** 名勝利者, 成功者
- **winter** 名冬
- **wintry** 形冬のように寒い wintry blast 木枯らし
- **wish** 動望む, 願う, (~であればよいと) 思う
- **with** 前①《同伴・付随・所属》~と一緒に, ~を身につけて, ~とともに ②《様態》~ (の状態) で, ~して ③《手段・道具》~で, ~を使って
- **within** 前①~の中 [内] に, ~の内部に ②~以内で, ~を越えないで
- **without** 前①~なしで, ~がなく, ~しないで
- **woman** 名 (成人した) 女性, 婦人
- **women** 名 woman (女性) の複数
- **wonderful** 形驚くべき, すばらしい, すてきな
- **wood** 名①《しばしば-s》森, 林 ②木材, まき
- **wooded** 形森のある, 森林の多い
- **wooden** 形木製の, 木でできた
- **word** 名①語, 単語 ②ひと言 ③《one's -》約束
- **work** 動①働く, 勉強する, 取り組む ②機能 [作用] する, うまくいく 名①仕事, 勉強 ②職 ③作品
- **world** 名《the -》世界, ~界
- **World Heritage Sites** 世界遺産
- **world-class** 形世界に通用する
- **world-famous** 形世界的に有名な
- **world-leader** 名世界をリードする人

- □ **worn** 動 wear（着ている）の過去分詞
- □ **worth** 形（〜の）価値がある,（〜）しがいがある
- □ **would** 助《willの過去》①〜するだろう,〜するつもりだ ②〜したものだ would like to 〜したいと思う
- □ **woven** 動 weave（織る）の過去分詞

Y

- □ **year** 名 ①年, 1年 ②学年, 年度 ③〜歳 for 〜 years 〜年間, 〜年にわたって
- □ **yellow** 形 黄色の 名 黄色
- □ **yen** 名 円《日本の通貨単位》
- □ **yes** 副 はい, そうです
- □ **you** 代 ①あなた（方）は［が］, あなた（方）を［に］②（一般に）人は
- □ **young** 形 若い, 幼い, 青年の
- □ **your** 代 あなた（方）の
- □ **yourself** 代 あなた自身 see for yourself 自分で確かめる
- □ **Yuzen-styled silk-dyeing** 友禅染め

Z

- □ **Zen** 名 禅
- □ **Zen-inspired** 形 禅風の, 禅の影響を受けた
- □ **Zen-styled meditation** 座禅《禅様式の瞑想》

English Conversational Ability Test
国際英語会話能力検定

● E-CATとは…
英語が話せるようになるための
テストです。インターネット
ベースで、30分であなたの発
話力をチェックします。

www.ecatexam.com

● iTEP®とは…
世界各国の企業、政府機関、アメリカの大学
300校以上が、英語能力判定テストとして採用。
オンラインによる90分のテストで文法、リー
ディング、リスニング、ライティング、スピー
キングの5技能をスコア化。iTEP®は、留学、就
職、海外赴任などに必要な、世界に通用する英
語力を総合的に評価する画期的なテストです。

www.itepexamjapan.com

ラダーシリーズ

Exploring Kyoto 英語で読む京都

2016年8月2日　第1刷発行
2025年5月11日　第3刷発行

著　者　デビッド・サターホワイト

発行者　賀川　洋

発行所　IBCパブリッシング株式会社
〒162-0804 東京都新宿区中里町29番3号
菱秀神楽坂ビル
Tel. 03-3513-4511　Fax. 03-3513-4512
www.ibcpub.co.jp

© IBC Publishing, Inc. 2016

印刷　中央精版印刷株式会社
装丁　伊藤　理恵
組版データ　Sabon Roman + Avenir Black

落丁本・乱丁本は、小社宛にお送りください。送料小社負担にてお取り替えいたし
ます。本書の無断複写(コピー)は著作権法上での例外を除き禁じられています。

Printed in Japan
ISBN978-4-7946-0425-5